SHAUN BARRINGTON

HARLEY DAVIDSON PUR

SHAUN BARRINGTON

HARLEY DAVIDSON

PUR

Motor buch Verlag

Einbandgestaltung:
Johann Walentek unter Verwendung eines Dias aus dem Archiv des Autors

Die Originalausgabe ist erschienen unter dem Titel
Harley Davidson, an illustrated history

Die Übertragung ins Deutsche besorgte
Jan Leek

ISBN 3-613-01707-5

3. Auflage 1997

Ein Unternehmen der Paul Pietsch Verlage GmbH + Co.

Satz:
Fotosatz Schönthaler,
71638 Ludwigsburg

Printed in Slovenia

VORSATZ:
Heritage Softail 1992

SEITE 2-3:
Glitzernde Bikes mit Evo-Motoren in der Wüste von Utah.

RECHTS:
Die 1200 XCH Sportster auf dem Capitol Drive, dort am Ursprung, wo das Herz der Bestien zum ersten Mal zu schlagen beginnt.

Einführung

RECHTS:
Schon allein die Zahl aller Harley-Motorräder ist der beste Beweis, wie erfolgreich die Marke ihren Mythos pflegt. Schutzblech und Gabel dieser Special Edition Electra Glide könnten genausogut aus den Fünfzigern herrühren. Über die 90 Jahren gab es bis jetzt viele Gelegenheiten, Sonderserien und Jubiläumsmodelle vorzustellen.

VORHERIGE SEITE:
Der Adler und die Stars and Stripes. Schon früh verstand es Harley-Davidson, seine Motorräder als amerikanische Institutionen zu vermarkten. Schön gestaltete Sonderlackierungen unterstreichen die patriotische Bedeutung heute.

Jede Geschichte hat einen Anfang, und diese hier beginnt im Jahre 1903. Damals rollten Bill Harley und Arthur, Walter und Bill Davidson das erste Motorrad aus ihrem 10 mal 15 Fuß großem »Werk«. Zum Glück für all diejenigen, die nicht nur Motorräder mögen, sondern auch Kreativität und Unternehmungsgeist zu schätzen wissen, können wir sie nicht bis zum Ende fortsetzen. Es gibt nähmlich noch kein Ende zu der Geschichte aus Milwaukee.

Doch bevor wir so richtig eintauchen, müssen wir aber das Wort »Image« noch kurz diskutieren. Etwas unkonventionell fangen wir deswegen mit einer kürzlich geschalteten Jeep-Werbung an.

Dort wird der Jeep in eine Linie gestellt mit Zippo-Feuerzeugen und Jeans – alle drei als Symbol des »American way of life«. Amerikanischer geht es wohl kaum – oder doch? Man kann sich fast vorstellen, wie der arme Texter, der die Anzeige schuf, mit seinen eigenen Hosenträger verprügelt wurde, bis er der Liste der uramerikanischen Errungenschaften noch Harley-Davidson hinzugefügt hat: Jeans, Zippos, Jeeps, Harleys stehen für einen bestimmten Lebensstil, und den werden die Werbeleute auf der Madison Avenue nicht müde, zu propagieren.

Es gibt aber etwas was diese Symbole, diese Ikonen wenn man so will, gemeinsam haben und was oft vergessen wird: Sie funktionieren und sie haben ihren Alltagswert immer wieder unter Beweis gestellt. Image allein baut keine Chopper, aus einer Ikone wird kein Dragster. Und auf einem Symbol kann man schon gar nicht rüber nach Sturgis fahren, um andere Symbole zu treffen. Will sagen: Eine Harley-Davidson, sei es eine Sportster, ein Tourer oder eine Aermacchi, macht im großen und ganzen das, wofür sie gedacht ist: Sie befördert zuverlässig von A nach B.

Und obwohl die allgemeine Leistung (nein, wir reden nicht von Spitzengeschwindigkeit) von sagen wir einer Honda Gold Wing um so viel besser ist als die von einer Electra Glide, bleibt der eine oder andere Fahrer seinem amerikanischen Motorrad dennoch treu, mehr noch: Er hat für die Wing vielleicht nur Hohn und Spott übrig. (In *What Bike* schrieb der Journalist Hugo Wilson im November 1993 daß Honda wohl offensichtlich die neuesten Trends in der Ausstattung von Badezimmern genau verfolgt habe.) Aber dennoch, so stünde eigentlich zu erwarten, wird irgendwann auch der letzte Harley-Fahrer von seinem Eisen runter- und den Plüschdampfer erstiegen haben. Und dann rollen auf den Highways nunmehr Honda Gold Wing.

Sicher, rund eine halbe Million Enthusiasten haben die Gold Wing gekauft und die USA sind der weitaus größte Markt für dieses Modell. Zweifelsohne ist die Wing auch eine feine Maschine, allerdings: Modellkonstanz hat sie in ihrer zwanzigjährigen Bauzeit nicht bewiesen. Technisch wuchs der ursprüngliche wassergekühlte Vierzylinder-Boxer von 999 Kubik auf 1100, 1200 und später auf sechs Zylinder und 1500 Kubik. (Irrtümlich behauptete Honda das erste wassergekühlte Motorrad produziert zu haben und es schien auch sehr fortschrittlich zu sein.) Trotzdem: von den ersten Gold Wing, die 1975 erschienen, rollen heute kaum noch welche über die Straßen, Harleys dieser Epoche sieht man immer noch. Wenigstens jetzt sollte wohl Honda den Kampf gewonnen haben, aber ich glaube nicht, daß Harley einfach aus Liebe überlebt hat. Da muß mehr dran sein als Sitzposition und Zuverlässigkeit.

Special Edition Electra-Glide

RECHTS:
Der Symbolwert dieses Fotos bedarf eigentlich keiner weiteren Worte, es schreit förmlich nach "Freiheit".
Im Vordergrund eine Softail Custom, dahinter eine ältere Shovelhead. Die südwestlichen Staaten Amerikas war immer der beste Markt für solche Motorräder, wo das milde Wetter zu Spritztouren ständig einlädt.

Eine Harley-Davidson dient sicherlich als Stütze für Selbstdarsteller, aber Egotrips sind relativ. Im Vergleich zu einem Jaguar XJ 220 oder einem McLaren F1, der teuersten Bimota oder sogar einem aufgemotzten Geländewagen ist eine Harley eigentlich zu billig, um als Statussymbol dienen zu können, zumindest in den Staaten. Obwohl man das uns Harleyfahrern nie sagen darf.

Harleyfahrer und -Besitzer sind nicht sentimental, genausowenig wie überhaupt die meisten Motorradfahrer es sind. Zweifellos mögen sie die historischen Bezüge ihrer Maschinen und sie mögen ihr Aussehen. Und das ist der Unterschied zwischen einem Harleyfahrer und einem Sportwagenliebhaber. Die Harleyfahrer sehen sich gern ihr Motorrad an, angesehen zu werden ist weniger ein Thema. Stellt Euch eine Sammlung von Motorrädern vor, sei es hunderte davon in Daytona oder nur drei Harleys vor einem Hotel. Ihr seht Euch die Motorräder an. Im Falle eines Jaguar XJ 220 macht man sich höchstens Gedanken wer so ein Gefährt besitzt. Und man weiß automatisch, daß er viel Geld hat, andererseits sein Auto auch nie voll ausfahren kann. Wenn Ihr das Glück habt, eine voll restaurierte EL von 1936 zu sehen, bewundert Ihr vielleicht die Hartnäckigkeit des Besitzers, kümmert Euch aber weniger darum, ob er Steuerberater oder Astronaut ist.

Wenn die brillanten Marketingleute bei Harley-Davidson allerdings denken würden, daß Image alles sei und das Produkt keine weitere Entwicklung brauche, dann wären 90 ruhmreiche Jahre – und einige weniger ruhmreiche – nicht einmal den Klarlack auf dem Tank wert. Modell

konstanz heißt das Zauberwort, und der Rückgriff auf die eigene Geschichte; die Politik, die Modelle eines jeden Jahrgangs durch Dekor und Lackierungen unverwechselbar zu machen – das sind die Faktoren, die den Harley-Boom der Neunziger erklärbar machen. Man sollte auch nicht das Image vom Außenseiter, dem Pionier oder Cowboy unterbewerten. Genau diese Symbolbilder haben sehr wohl etwas mit dem Erfolg der Marke zu tun. Wir können hunderte von Beispielen, von Songstars zu Superstars, nennen und einige kommen auch in diesem Buch vor, die sich zu H-D bekennen.

Die Auktionsfirma Sotheby's arrangierte nach dem Tod des Prinzen von Thurn und Taxis eine große Auktion. 3500 Möbelstücken und Kunstgegenständen sowie 75.000 Flaschen Wein kamen unter den Hammer – und zwei Harleys, bis

LINKS:
Die Fat Boy, 1990 vorgestellt, mit Alurädern, Satteltaschen und Lackierung im glänzend Perlgrau – und einem tollen Namen für ein Motorrad dessen Motor auf der Heritage Softail basiert. Was zu sehen ist, ist zu haben: ein großes Stück Metall, das nur wenig mit moderner Technik zu tun hat.

LINKS:
Uncle Sam hat tatsächlich Grund, Harley-Davidson dankbar zu sein. In beiden Weltkriegen spielten Motorräder aus Milwaukee eine wichtige Rolle: 7000 wurden im Ersten Weltkrieg produziert, viel weniger als die 20.000, die Indian lieferte. Der von Indian runtergedrückte Preis wurde jedoch von der Inflation gefressen. Im Zweiten Weltkrieg lieferte Harley-Davidson aber mehr als 80.000 Motorräder, die meisten davon seitengesteuerten WLA 750er.

RECHTS: Die FL Panhead löste 1948 die zehn Jahre alte Knucklehead-Baureihe ab. Der neue Motor mit Aluzylinderköpfen und hydraulischen Ventilstößeln sollte die Hitzeprobleme der früheren Konstruktion lösen. Das neue Modell war jedoch anfangs nicht erfolgreich, da Änderungen im Öldruck die Arbeit der Stößel störte und so Zündaussetzer verursachte.

NÄCHSTE DOPPELSEITE: Richard Johnsons FLHTC Ultra Classic Tour Glide mit rahmenfester Verkleidung, Stereo, Intercom, automatisch rückstellende Blinker und 5 Gallon großem Tank, alles Original.

dahin im Besitz der Prinzessin selber. Klar hatte sie eine Harley. Eine Kawasaki hätte es nicht getan, nicht einmal eine BMW. Und die Fotos, die durch die Presse gingen, zeigten nicht die Prinzessin mit dem Spazierstock des verstorbenen Prinzen, sondern im Sattel einer ihrer Harleys. Die Geschichte wird noch besser, wenn man erfährt, daß sie nicht zwei, sondern drei Harleys hatte.

Natürlich weiß das Unternehmen Harley-Davidson um die Werbewirksamkeit solcher Auftritte. Tradition und Rennerfolge bilden den Hintergrund und führen zurück in die Gründerzeit als nicht nur hunderte amerikanische Hersteller um die Gunst der Käufer kämpften, sondern auch erstaunlich viele kleine britische Hersteller.

»Es gibt einen guten Grund, warum ein Motorrad von Harley-Davidson so distinguiert ist. Der Grund ist unsere hartnäckige Philosophie, alles nach unserem eigenen Kopf zu machen. Wenn's funktioniert, bleiben wir dabei.« Aus welchem Jahr zwischen, sagen wir mal 1920 und 1994, stammt dieser Spruch? Schwer zu raten – aber es war 1989. Der Werbetext führt uns zur Frage der technischen Entwicklung. Die meisten Menschen, wenigstens die mit grundlegendem Wissen über die Motorradindustrie, halten Harley Davidson nicht für einen überlebenden Dinosaurier, der auf den zwei Beinen seines V-Motors der technisch überlegenen Konkurrenz hinterher stolpert. Das Unternehmen hat schließlich ebenfalls Zweitakter und Viertakt-Zweizylinder-Boxer gebaut. Bill Harleys erste Springergabel war fortschrittlich und die Federung der Softail stellte eine geschickte techni-sche Lösung dar (obwohl unter Lizenz gebaut). Schon 1912 konstruierte Harley die erste Kupplung mit Freilauf. Harley

Black Swan

Ultra Classic

hatte Vierventil-Motoren Jahrzehnte vor den Japanern. Die Beispiele von Harley-Davidsons Pionierarbeit sind vielfältig.

Ducati wollte 1974 die revolutionierende 860 GTI einführen und gedachte sich so, einen Vorsprung zu verschaffen. Der brillante Designer Giorgetto Giugiaro sollte die neue Maschine und die 350 und 500 GTL stylen. Seine fast unmögliche Aufgabe war, eine Linie zu finden, die nicht nur Pendler, sondern auch alle Bereiche bis zu den Speedfreaks ansprechen sollte. Das Resultat war eine eckige, häßliche Maschine, die damals nicht gut aussah und heute auch nicht. Loyale Ducatisti verließen die Marke in Strömen. Ob dies wegen des Aussehen des Modells geschah oder weil der Motor nicht mit der berühmten desmodromischen Ventilsteuerung der erfolgreichen Super Sport-Modelle ausgestattet war, ist unwichtig. Die Ducati-Geschichte illustriert zweierlei. Erstens: Enthusiasten, egal wie markentreu sie sind, lassen sich nicht von vermeintlichen Erneuerungen täuschen. Zweitens: Stammkunden dürfen nicht vernachlässigt werden, oder wenigstens nicht abgeschreckt. Viel schwerer ist es nämlich, anderen Marken Käufer abspenstig zu machen. Dafür dienen die Mittelgewichtler von Ducati als Beispiel.

Die Japaner verkauften hunderttausende von Motorrädern dieser Kategorien in jener Zeit. Den europäischen Herstellern schwirrte der Kopf, wenn sie dir Produktionszahlen der Japaner zu hören bekamen. Tatsache ist, daß 1974 fast jede fünfte verkaufte Maschine auf der Welt eine zweizylindrige Honda CB 360 war. Im ersten Herstellungsjahr verkaufte sich die neue CX 500 2.132.902 Mal, und das, obwohl die CB 360 noch im Programm stand. Ducati hätte sich aber diesem Marktsegment fernhalten sollen. Die Markenanhänger wollten Sportmaschinen und nicht Mittelmäßigkeit mit ein wenig Stil, wie *Cycle Illustrated* über die CB 360 schrieb.

Was das alles mit Harley-Davidson zu tun und vor allem mit der technischen Entwicklung zu tun hat? Sehr viel, eben weil der amerikanische Hersteller sich immer geweigert hat, seinem Ruf mit der zu frühen Einführung neuer Technik oder radikalem Wandel *nicht* gerecht zuwerden. Ausnahmen gab es wohl, die VL 74 von 1929 war anfangs ein Desaster. Viel später hatten die Sportster vor 1990 Probleme mit

RECHTS:
Einige bekommen nie genug. Die originalen Rücklichter einer FLH Electra Glide sind ausreichend, aber dieser Besitzer wollte wohl sicher sein, nicht übersehen zu werden. Das Werk hat nichts gegen Modifizierungen, solange die nötigen Teile aus der eigenen Produktion kommen.

UNTEN
Die FXST Softail wurde 1984 vorgestellt, die Heritage Softail im Jahr danach. Das Modell erinnert an die Starrrahmenmodelle der Fünfziger, hat aber Federbeine horizontal unter dem Getriebe liegend.

MOTOR
HARLEY-DAVIDSON
CYCLES
Harley-Davidson
NEW YORK
ART 2

OBEN:
Hier ein kleiner Harley-Motor, die FX von 1980 mit 74 Kubikzoll. Der neue Evo-Motor für 1984 wurde zum Meilenstein in der H-D-Geschichte und hatte schon bei der Einführung 1340 Kubik.

Ketten und Batterien. Die 1340er erlitten einer Rückrufaktion wegen verdächtiger Schaltgabeln. Sogar die ruhmreiche Electra Glide verlor gelegentlich die Wärmeabdeckungen am Auspuff – dem Image der Marke hat das nicht geschadet.

Nicht zu Unrecht wird Harley-Davidson oft mit einem Mann verglichen, der ein schweres Gewicht eine Leiter hochträgt. Er setzt den zweiten Fuß nicht auf dem nächsten Tritt, bevor er einen festen Halt mit dem ersten hat. 1924 überlegte das Werk beispielsweise, einen Vierzylinder ins Programm zu holten, als Konkurrenz zu den Henderson und Ace, besonders für das Polizeigeschäft. Das Projekt war schon recht weit gediehen, als William Davidson die ganze Sache abblies. Die neuen Werkzeuge wären zu teuer geworden und das Werk konzentrierte sich stattdessen auf das Model J V-Zweizylinder. Oder 1911: Da gab es Überlegungen, den neuen 45-Grad-Zweizylinder mit Kettenantrieb zu versehen – ebenfalls abgelehnt. Stattdessen wurde der Antriebsriemen verbreitert und man bot die gleiche Garantie wie bei den Einzylindern an. 1983 bereiteten die neuen Abgasnormen Probleme, es ging nicht um Wartungsfreundlichkeit. Solle man deswegen die alte V-Konstruktion ver-

LINKS:
Leicht umgebaute Shovelhead Sportster in Red River. Die Bezeichnung Sportster kam zum erstenmal 1957, heute ist die 883 Kubik große Harley das Einstiegsmodell der Marke. Wie die übrigen Modelle ist auch die Sportster im Hubraum gewachsen.

UNTEN:
Eine Softail-Explosion in Farbe. In den letzten Jahren ist die Lackqualität ab Werk bedeutend verbessert worden. Wenn man aber Umbauten wie diese betrachtet, fragt man sich jedoch ob es das wert war.

RECHTS:
Das Harley-Davidson Café in New York. Es mußte einfach kommen: Eine weltbekannte Ikone als Werbungsträger für den Umsatz von Bier.

UNTEN:
Fünf Kilometer Harley stehen Schlange zu einem Sommerfest. Veranstaltungen wie Sturgis und die Daytona Bike Week locken unglaubliche Zahlen von Teilnehmern und schweißen die Bruderschaft zusammen.

schrotten und von vorne anfangen? Sicherlich nicht! Harley investierte 15 Millionen Dollar für die Entwicklung eines neuen Motors, wobei der alte Shovelhead die Basis bildete. Neu waren die verbesserte Wärmeableitung, eine elektronische Zündung und der niedrigere Verbrauch. Der neue Motor erhielt den Namen »Evo« für »Evolution«, Weiterentwicklung. Das Harley-Gefühl fiel der modernen Zeit nicht zum Opfer. Klar, daß Harley-Davidson mit dieser Philosophie die technische Entwicklung nicht anführt und auch keine Spitzensportler baut (auch wenn für 1996 so etwas im Schwange ist). Yamaha hat mehr WM-Titel als jede andere Marke im Motorsport gewonnen, H-D kam, mit viel Mühe, auf zwei.

Erinnert sich noch jemand an die japanischen Turbomotorräder Anfang der Achtziger? Die Idee schien zu der Zeit toll und jeder japanische Hersteller hatte mindestens ein Modell mit der »neuen« Technologie. Leider schaltete sich der Turbolader in den ungelegensten Momenten ein, zum Beispiel beim Beschleunigen aus einer Kurve heraus. Eine Honda 650 Turbo war eine nervöse Kreatur, die 200 PS starken Egli Turbos haben hoffentlich dieses Problem gelöst.

Doch, und damit kommen wir wieder zu dem, was Harley-fahren ausmacht: 200 PS braucht niemand, Turbolader und High-Tech sind nicht alles. Und mehr als fahren kann so ein Gerät auch nicht. Ich für meinen Teil bin mit sanfter Entwicklung zufrieden, oder, um aus dem 95er E-Glide-Test des deutschen Motorradjournalisten Werner Koch in der Zeitschrift *Motorrad* zu zitieren: »Ich sag's gleich vorweg für die, die es hören möchten: Ja, die Harley hat ein mieses, windiges Fahrwerk, ist viel zu schwer und zu teuer. Im unterdimensionierten Chassis hängt ein antiquierter Motor, ein eher schlapper Bursche. So, und jetzt sag` ich denen, die trotzdem mit ihr liebäugeln: Probiert's doch einfach aus. Wer die Macken und Kanten toleriert und sich von ihrer Lässigkeit anstecken läßt, hat bestimmt viel Spaß damit.«

Kein Zweifel: Evolution statt Revolution. Ich liebe den Rhythmus des Herzschlags von Amerika.

UNTEN LINKS:
Der Ruf vieler Chapter von verschiedenen Motorradclubs ist von den bösen Buben, den "Bad Guys" beschädigt worden. Die meisten HOG-Mitglieder sind jedoch gesetzestreue Normalbürger die Motorräder lieben.

UNTEN:
Main Street, Sturgis, Cruising vor dem offiziellen Treffpunkt der Hell's Angels, Gunner's Lounge.

KAPITEL 1

Der Anfang

Metall für die amerikanische Seele

RECHTS:
Eine Harley-Davidson 61 Zweizylinder von etwa 1915. Die V-Ausführung tüftelte Bill Harley 1909 aus; der wechselgesteuerte Zweizylinder blieb zehn Jahre lang in Produktion.

VORHERIGE SEITEN:
Walter Davidson, der erste Präsident der Harley-Davidson Motor Company. Walter glückt ein weithin beachteter Sieg beim AFM Endurance Run. Das half ungemein beim Aufbau eines Harley-Händlernetzes, den sein Bruder Arthur vorantrieb.

Speed kills« – Schnelligkeit tötet, aber nicht immer. Einer der interessantesten Aspekte in der Harley-Davidson-Geschichte ist, wie schnell ein Drechsler, ein Student und Zeichner, ein Musterschreiner und ein Werkzeugmacher von der Eisenbahn zu den Posten als Präsident, Chefkonstrukteur, Verkaufsleiter und Produktionsleiter aufsteigen konnten. Und das in einem Werk, das recht früh schon jährlich hunderte von Motorrädern produzierte und bald mehrere hunderte Angestellte hatte.

Der Drechsler und spätere erste Präsident des Unternehmens war Walter Davidson Senior. Er arbeitete für die Eisenbahn, die Chicago, Milwaukee and St. Paul, so lange bis das, was sein Bruder bislang als Hobby betrieben hatte, sich zu einem richtigen Unternehmen auswuchs. Sein Geschäftssinn sollte wichtig werden, aber auch sein Sieg im »New York Endurance Run« 1908.

Sein Erfolg bei diesem Marathon rief die Marke zum ersten Mal in das Bewußtsein der Öffentlichkeit. Davidsons geschäftliche Talente sollten ihm später zu einem Posten im Vorstand in der Versicherungsgesellschaft »Northwestern Mutual Insurance Company« verhelfen und auf den Sessel des Direktors der »First Wisconsin Bank« führen. Ehrlich gesagt, wenn es diesen Herren nicht gegeben hätte, man hätte ihn erfinden müssen. Er hätte dann genau so aussehen müssen: Hier war ein Mann, der nicht nur eine Nase für Geschäfte hatte, sondern auch ein talentierter Rennfahrer war und sich außerdem auf Motoren verstand.

Der Zeichner und spätere Chefkonstrukteur hieß William S. Harley. Bill Harley war mit 15 Jahren Fahrradmonteur, aber smart genug, um sich eine Stelle als Zeichner zu verschaffen. Später studierte er Ingenieurswissenschaften an der Universität von Wisconsin. Seinem Talent sind die meisten der klassischen Harleys bis zum Anfang des Zweiten Weltkriegs zu verdanken. Er war nicht nur ein begabter Konstrukteur, sondern auch ein talentierter Rennfahrer.

Der Musterschreiner, der Verkaufsleiter wurde, war Arthur Davidson. Wir haben schon einen talentierten Geldmacher und einen begabten Konstrukteur. Was brauchen wir noch? Einen Verkaufsleiter.

Jeder weiß, daß ein Produkt noch so gut sein mag, aber ohne eine entsprechend gute Vermarktung wird die Sache ein Ladenhüter.

Arthur Davidson fing 1910 an, ein Händlernetz aufzubauen, aber er hatte nicht viel, womit er werben konnte: Da war zum einen Bruder Walters Sieg von 1908 (der mit der Maximalanzahl von 1000 Punkten und zusätzlichen Bonus-Punkten als Ehrenpreis des Veranstalter errungen worden war) sowie der Sieg in der Teamwertung beim FAM-(Federation of American Motorcyclists) Langstreckenrennen 1909. Außerdem hatte er auch einige unbekannte Motorräder zu verkaufen. Man darf nicht vergessen, daß Excelsior und Indian schon etablierte Marken waren und noch viele Jahre mehr Motorräder als Harley verkaufen sollten.

In diesem Licht ist der spätere Erfolg um so größer. Sein Prinzip war einfach: Der Händler soll glücklich sein, das heißt, er sollte Geld verdienen können. Wenn der Händler an einer Harley gut verdiente, würde er sich um diese Marke um so mehr kümmern. Von Anfang an stützte sich die neue Marke auf Exklusivverträge, ein Prinzip, daß Arthur Davidson vom Autohandel übernommen hatte. Später wurde diese Praxis zwar für illegal erklärt, doch zu diesem Zeitpunkt war Harley bereits etabliert.

HARLEY-DAVIDSON

Harley-Davidson

HARLEY-DAVIDSON 1903

Die erste Harley-Davidson war in Handarbeit entstanden und hatte einen französischen DeDion-Motor. Ein Getriebe gab es nicht, und der Fahrer mußte das Motorrad anschieben bis der Motor vedichtete, dann galt es, sich in den Sattel zu schwingen und wild in die Pedale zu treten bis der Motor startete.

Bezeichnung	Keine
Motor	DeDion-Bouton mit Unterdruck-Einlaß
BohrungxHub	54 x 73 mm
Hubraum	410 cm3
Federung	Ungefederte Gabel
Leistung	2 PS
Höchstgeschwindigkeit	ca. 40 km/h

Jetzt fehlt nur noch der Verantwortliche für die Produktion: Der Werkzeugmacher und Meister William war der älteste der Gebrüder Davidson. Er beschaffte die nötigen Maschinen in einem ständig steigenden Takt, da das Werk schneller wuchs, als die Gründer sich da hätten träumen lassen. Und jede einzelne Maschine paßte die nächsten 30 Jahren in die Produktion. Außerdem wiesen sämtliche Maschinen eine hohe Präzision auf – und das war damals wirklich keine Selbstverständlichkeit –, und die Belegschaft hatte ebenfalls wenig Grund zur Klage: William war eine Vaterfigur, der mit Besorgnis die Auswirkungen der Wirtschaftskrise auf das Unternehmen und das Personal gleichermaßen beobachtete und nach Kräften zu mildern suchte. Andererseits sträubte er sich heftig gegen die Gewerkschaft, die nur wenige Tage vor seinem Tod 1937 im Werk Einzug hielt.

Doch egal wie talentiert die einzelnen Mit-

glieder eines Teams sind, oft ist es besser, wenn sie noch mehr miteinander verbindet. Und das war bei unseren Helden der Fall. Arthur Davidson und Bill Harley waren Schulfreunde und hatten bei der Barth Manufacturing Company zusammengearbeitet. Und um die Idylle komplett zu machen: Das war auch in der zweiten und der dritten Generation nicht anders. William H. Davidson trat 1928 in das Unternehmen seines Vaters 1928 ein. Gordon Davidson wurde im Verkauf beschäftigt. Danach folgten Bill Harleys Bruder John und später William J. Harley. Heute haben wir den Enkel Willie G. Davidson als Symbolfigur. Dieses Familienteam konnte einfach nicht verlieren?!

Sicher konnte es das. Erstens wäre aus den Ideen beinahe nichts geworden. Das erste Motorrad, das Walter aus Arthurs Formen und Bills Zeichnungen um einen DeDion-Einzylinder herum baute, war überhaupt nicht für den Verkauf bestimmt, sondern diente nur dem Vergnügen seiner Schöpfer. Von der Motortechnik hatten alle drei wenig Ahnung, das steuerte, zweitens, der deutsche Aussiedler Emil Krüger bei, ein Arbeitskollege von Arthur und Bill. Außerdem wohnte unweit der Familie Davidson ein Marinmotorkonstrukteur namens Ole Evinrude, und der half mit bei der Vergaserentwicklung. Drittens, und das war der wichtigste Punkt überhaupt, dachte niemand um die Jahrhundertwende auch nur im entferntesten daran, daß ein von einem Explosionsmotor angetriebenes Zweirad mehr als nur ein Spielzeug sein könnte. Daß die Herstellung solcher Geräte einen verantwortungsvollen Familienvater wie Bill Davidson ernähren könne, hielten wohl noch weniger für möglich. Trotzdem gab es noch welche, die genauso verrückt waren, und gut, spinnen wir den Faden einmal weiter: Selbst wenn es gelänge, eine wie auch immer geartete Motorradproduktion zu etablieren, hatten andere schon den Markt unter sich aufgeteilt. Also keine Chance für den Clan der Bastler?

Sie haben es dennoch geschafft. Sie waren besessen vom Drang, Maschinen zu bauen, und realistisch genug, nicht gleich alles auf eine Karte

OBEN:
Die ersten Motorradrahmen basierten auf Fahrradrahmen, damals eine logische Entwicklung, die jedoch den ersten Konstrukteuren sehr viel Ärger bereiten sollte. Harley-Davidson produzierte tatsächlich ebenfalls Fahrräder, aber ohne nennenswerte Erfolge.

Harley-Davidson

SILENT GRAY FELLOW 190

Erhältlich zwischen 1904 und 1918, war die Silent Gray Fellow revolutionierend, nicht in seiner Konstruktion, sondern in bezug auf seine Zuverlässigkeit.

Bezeichnung	5-35, 9A, 9B, 9E
Motor	DeDion-Bouton mit Unterdruck-Einlaß bis 1910, wechsel-gesteuert bis1918
BohrungxHub	76 x 89 mm
Hubraum	500 cm3
Federung	Kurzschwinggabel
Leistung	6,5 PS
Höchstgeschwindigkeit	75 km/h

zu setzen. Keiner kündigte sofort seine Arbeitsstelle, eine kluge Entscheidung und bezeichnend für die spätere Philosophie des Hauses Harley-Davidson.

1904 wurden zwei Motorräder gebaut, 1905 acht. Eine Aktiengesellschaft wurde 1907 gegründet, nachdem schon etwa 150 Motorräder geliefert worden waren, eine gesunde Zahl und vielversprechend für die Zukunft. Alle diese Motorräder waren in einem kleinen Schuppen zwischen der 38th und dem Highland Boulevard im Hinterhof zusammengeschraubt worden. Im Haupthaus wohnte die Familie Davidson. Der Grund für den erstaunlichen Erfolg war die immer höhere Zuverlässigkeit. Es gab ähnliche Dorfhersteller über die ganze USA und dazu noch einige, vielleicht etwas größer, in England. Die so hergestellten Motorräder waren oft teuer (eine Tatsache die man heute leicht vergißt) und hatten allerlei »Verbesserungen« als Verkaufsargument.

Der Markt für motorisierte Zweiräder wurde von den immer populäreren Fahrradrennen auf Bretterpisten angeheizt und dem daraus folgenden Bedarf von Schrittmachern. Dies war aber gleichzeitig das Problem. Alle beschäftigten sich mit Motoren für Fahrräder, jeder auf seiner Weise. Nur Bill Harley war vorausschauend genug, sich sehr früh vom alten, instabilen Radrahmen zu verabschieden und ihn durch einen bedeutend stabileren Schleifenrahmen zu ersetzen. Der Rahmen selbst war nichts radikal Neues, sondern folgte eigentlich nur den Normen seiner Zeit. Das Gesamtpaket war aber durchdacht und ausgewogener als andere Konstruktionen gleicher Art zu Anfang des Jahrhunderts. Der ursprüngliche DeDion-Motor zeigte sich mit einer Auslegung von 54 Millimetern Bohrung und 73 Millimetern Hub als zu schwach und wurde auf 76 x 89 Millimeter vergrößert, eine Änderung, die ohne den neuen Rahmen nicht möglich gewesen wäre. Burnouts waren wohl nicht vorhersehbar, der Motor lief aber zuverlässig. Die Gabel bestand aus dicken Rohren und die Räder waren für ihre Zeit ungewöhnlich robust, wenn auch schwer. Kurz gesagt, die ganze Konstruktion war mehr auf Zuverlässigkeit statt auf Schnelligkeit ausgelegt. Bill Harley ging für weitere Studien zu der Universität Wisconsin, hatte aber genügend Zeit, eine neue Gabel zu konstruieren, eine Konstruktion, die lange leben sollte. Funktionieren tat sie auch, aber nur, wenn man sich nicht in schnelleren Geschwindigkeitsbereichen bewegte. Doch das war bei den Verhältnissen damals sowieso noch kein Thema.

Harley-Davidson

SIXTY-ONE 1909

Harley-Davidsons erster V-Zweizylinder überlebte bis 1929.

Bezeichnung	F, FE, J, JE, JD, JDH
Motor	Wechselgesteuerter Viertakter
BohrungxHub	76 x 89 mm
Hubraum	1000 cm3
Federung	Springer Kurzschwinggabel
Leistung	7 PS
Höchstgeschwindigkeit	80 km/h

Im Jahre 1908 war der alte Schuppen zu klein geworden, die Finanzen gesichert und ein neues, zweckmäßiges Werksgebäude wurde in der Juneau Avenue hergerichtet. Dort stellten 18 Angestellte im gleichen Jahr 450 Motorräder her.

Der Einzylinder mit seinem sehr wirkungsvollen Schalldämpfer wurde zwischen 1904 und 1918 gebaut. »Silent Gray Fellow«, stiller grauer Kamerad, taufte ihn die Werbung und wies so auf die besten Seiten des Motorrades hin, Lackierung, Schalldämpfer und Zuverlässigkeit. Womit schon wieder das nächste Stichwort gefallen wäre: Werbung.

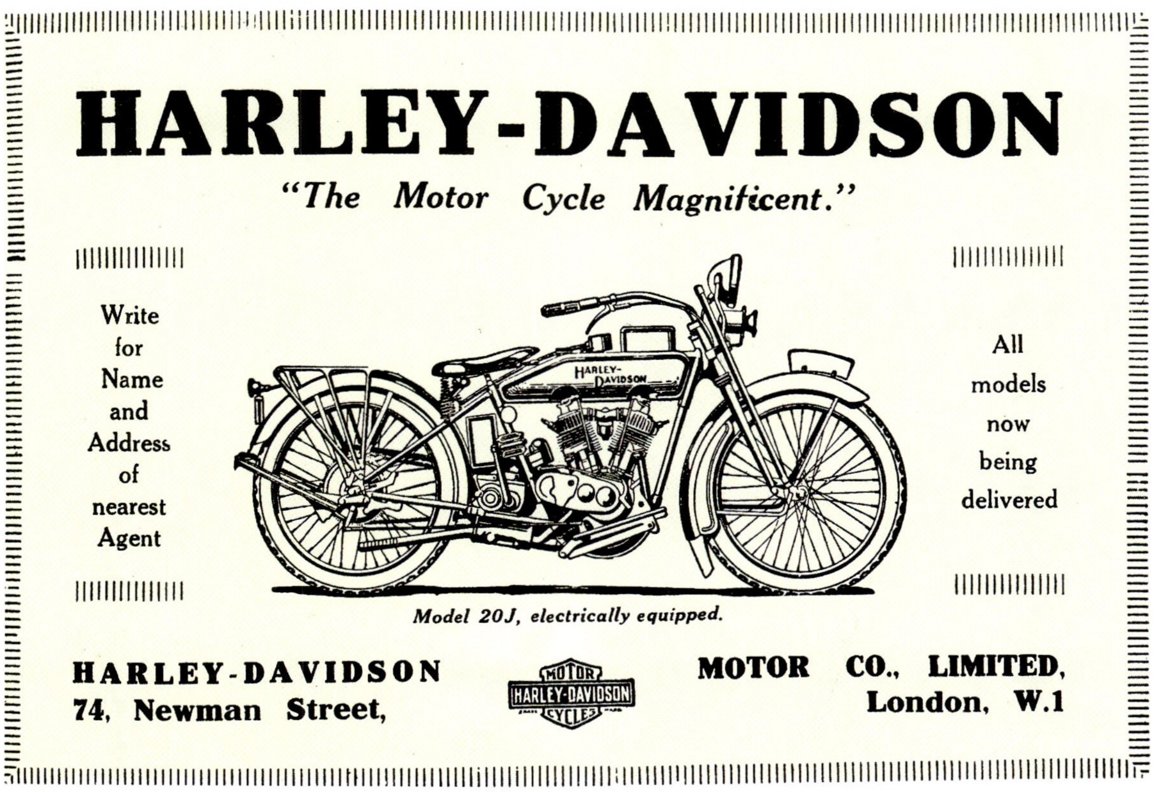

***LINKS:* Englische Werbung für die Sixty-One, eine robuste und einfache Konstruktion, die mehr als 20 Jahren in Produktion blieb.**

OBEN:
Die sieht man heute nicht jeden Tag auf der Straße. Eine Rollkette kam erstmals 1912 auf einer Harley zum Einsatz, als Ersatz für den Lederriemen. Bill Harley hatte nämlich die Lösung für eine Kupplung gefunden: eine Hinterradnabe mit Freilauf.

Harley-Davidson erkannte schon früh die Bedeutung von Werksliteratur, von Prospekten und Anzeigen. Die Geschichte der Harley-Werbung läuft parallel zur Werksgeschichte und ist genauso interessant.

Der Einzylinder 5-35 wurde 1909 erheblich verbessert. Der Motor wurde auf 573 Kubik vergrößert und leistete jetzt 5 PS. Der Rahmen wurde verstärkt und eine Magnetzündung eingeführt. Etwas viel Wichtigeres passierte aber ebenfalls in jenem Jahr: Bill Harley nahm zwei 5-35 Zylinder, versah sie mit einer gemeinsamen Kurbelwelle und setzte sie im 45-Grad-Winkel zueinander. Gleichzeitig erhielt der Motor mechanisch gesteuerte Ventile, die jetzt die Unterdruck-Einlaßventile ersetzten. So gab der wechselgesteuerte Motor sein Debüt: Einlaß hängend, Auslaß stehend. Der enge Zylinderwinkel eines V-Motors begrenzt die Bohrung und führt zwangsmäßig zu einem langen Hub, einer langsam rotierenden Kurbelwelle bei gutem Durchzug. Kolbengeschwindigkeiten über 4000/min führen aufgrund der unregelmäßigen Zündung zu Vibrationen, die Höchstleistung muß deswegen geringer ausfallen. Niedrige Drehzahlen führen dagegen zu hohem Lebensdauer. Das langsame Hintuckern einer Harley-Davidson, ein Klang, den viele Hersteller vergeblich nachzuahmen versucht haben, konnte man jetzt zum ersten Mal hören. Der Hubraum betrug 1000 Kubikzentimeter. 1909 wurde nur eine Handvoll dieser Zweizylinder gebaut, 1910 gar keiner. Die mechanische Ventile standen noch nicht zur Verfügung, als sie schließlich kamen, sollte der wech-

LINKS:
Model J von 1915. Die zentrale Führung des Sattelpfostens stellte gegenüber dem früheren schwimmenden Sattel eine Verbesserung dar und machte das Leben etwas leichter. Schließlich waren die meisten Straßen immer noch unbefestigt.

UNTEN:
The Flying Merkel Zweizylinder machten im zweiten Jahrzehnt Indian und Harley auf den Rennstrecken schwere Konkurrenz.

RECHTS
Für 1915 bekam das Modell J ein Dreiganggetriebe, das den Beiwagenbetrieb erheblich verbesserte. Auch die Leistung der Zweizylinder-Maschine stieg allmählich an.

Harley-Davidson

J-11 1915

Der wechselgesteuerte Ventilantrieb blieb den Zweizylindern bis 1929 erhalten.

Motor	Wechselgesteuerter V-Zweizylinder
BohrungxHub	76 x 89 mm
Hubraum	1000 cm³
Federung	Kurzschwinggabel
Leistung	11 PS
Höchstgeschwindigkeit	100 km/h

selgesteuerte Motor mehr als zehn Jahre in Produktion bleiben. Eine Kupplung in der Hinterradnabe kam 1912, zusammen mit dem Kettenantrieb. Es sagt sehr viel über die Straßen der damaligen Zeit aus, wenn wir uns vergegenwärtigen, daß der größte Beitrag zum Komfort des Fahrers im gefederten Sattelpfosten bestand. 1914 konnte der Fahrer erstmals seinen Motor mit einem Kickstarter zum Leben erwecken, im gleichen Jahr folgten Zweiganggetriebe und ein Choke am Vergaser.

»Rennen verbessern das Produkt«, so lautete wohl der verführerischste (und beileibe nicht immer richtige) Slogan in der Motorindustrie. Und ob sich der Erfolg immer in Stückzahlen umsetzen ließ...? Nach dem Sieg in LeMans baute Aston Martin jedenfalls nicht mehr Autos, Bentley konnte nach mehreren Siegen die Wölfe von der eigenen Tür auch nicht mehr fernhalten, obwohl der Playboy Wolf Barnato der Marke Unsummen zukommen ließ. Gelegentlich stimmt

jedoch der Spruch, und Erfahrungen von der Rennstrecke können nicht nur in die Werbung einfließen, sondern auch in die Konstruktion. Norton ist sicherlich das klassische Beispiel dafür. Der Mißerfolg zwei privater Harleys beim Rennen San Diego-Phoenix 1913 führte zweifelsohne zu der Entscheidung, für den Zweizylinder ein vernünftiges Getriebe zu entwickeln. Typisch für Harley: Die Lösungen der Mitbewerber sah man sich nicht an. William Ottaway wurde 1914 zum Assistenten von Bill Harley ernannt und war außerdem auch für die Rennabteilung verantwortlich. Nach einigen vorsichtigen Versuchen im gleichen Jahr gewann Otto Walker 1915 das Straßenrennen in Venice, Kalifornien, und in Dodge City, zum zweiten Mal mit einem modifizierten Zweizylinder. Solche Rennerfolge sollten sich bis zu Amerikas Eintritt in den Ersten Weltkrieg wiederholen. Für Halbmeilen-Rennen wurden Einzylinder präpariert, die ersten Vierventil-Zweizylinder kamen zur Saison 1916. Die Straßenmodelle des Jahres 1915 erhielten drei Gänge, eine ähnliche Konstruktion wird heute noch verwendet.

Im zweiten Jahrzehnte dieses Jahrhunderts herrschte Goldgräberstimmung unter den amerikanischen Motorradherstellern. Mehr als 30 Hersteller verzeichneten zufriedenstellende Umsätze jedes Jahr, Marktführer war Indian. Indian sollte, wie die anderen einheimischen Konkurrenten auch, später den Skalp an Harley verlieren. Der Krieg brachte zweifellos Harley-Davidson stattliche Gewinne. Das Werk wuchs ständig, 1915 arbeiteten über 1500 Mann für Harley. 1918 hatte Harley-Davidson Indian überflügelt und war der größte Motorradhersteller der Welt. Arthur Davidson verkaufte seine Maschinen an die Post, an die Polizei und an die Telefongesellschaft Bell. Der Markt war groß genug für alle, noch war das Model T, Fords Beitrag zur Massenmotorisierung, nicht allgegenwärtig. Seitenwagen und anderes Zubehör erhöhten weiter den Umsatz der Motorradhersteller. Der »Nutzen« wurde zum Schlüsselwort, der »Verwendungszweck«, und alle dachten dabei an den Schlamm in Flandern...

UNTEN:
Der wechselgesteuerte Harley-Davidson V-Twin etwa 1917. Obwohl auch mit verschiedenen anderen Auslegungen experimentiert wurde, blieb der V-Zweizylinder typisch für die Marke.

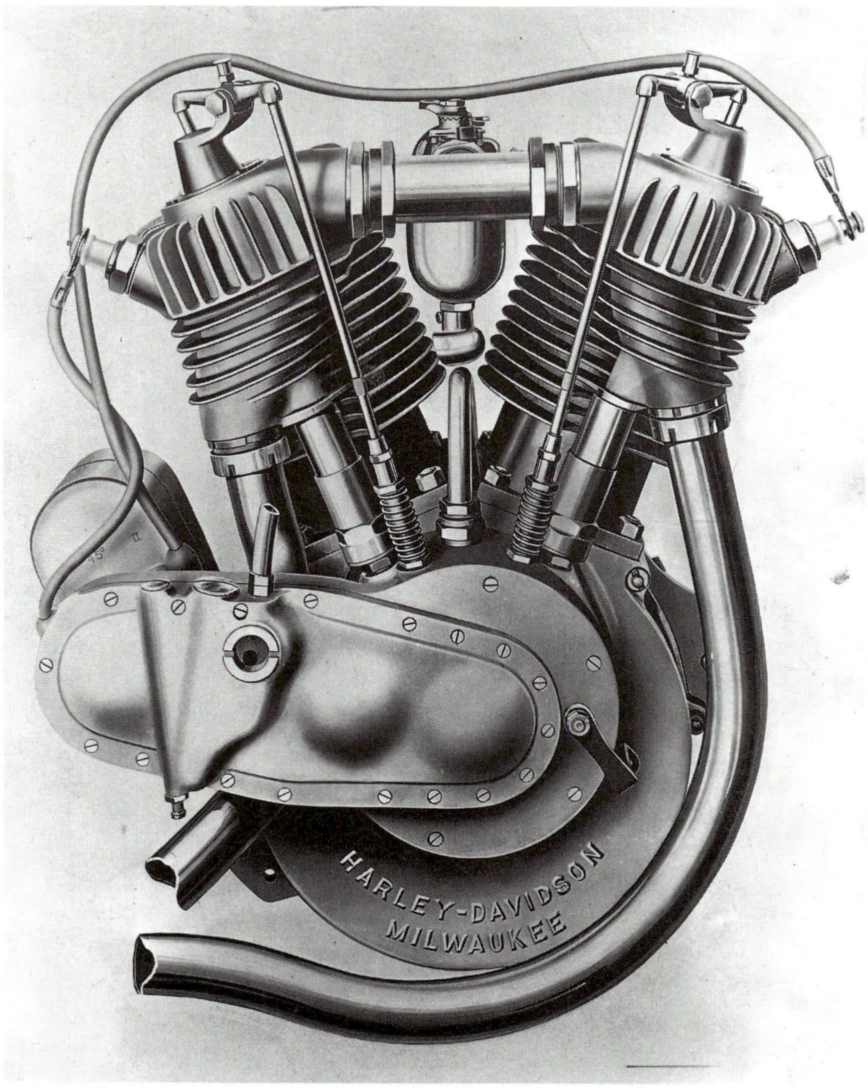

Harley-Davidson

KAPITEL 2

Harleys in Uniform

VORHERIGE SEITE:
Die 80 Kubikzoll FLHTP der Polizei von Houston. Der Markt für Polizeimaschinen war immer hart umkämpft, um nicht zu sagen verbissen. Für Harley-Davidson war nicht nur die Stückzahl wichtig für den Umsatz, sondern auch die daraus folgende Präsenz der Produkte in der Öffentlichkeit.

RECHTS:
Harley-Davidsons wichtigster Beitrag zum Zweiten Weltkrieg war die seitengesteuerte 750er WLA.

Von den in den USA 1913 71.000 produzierten Motorrädern baute Indian mehr als 31.000, und war damit zweifelsohne Marktführer. Was geschah danach? Warum ist heute diese Marke nicht mehr als eine Kuriosität bei Klassikveranstaltungen? Ein Teil der Antwort liegt in der Entscheidung der Indian-Häuptlinge, der Armee 20.000 Motorräder besonders billig anzubieten. Der knapp kalkulierte Gewinn wurde außerdem von der Inflation aufgegessen. Die Verluste waren nicht bedrohend, viel bedeutender jedoch war, daß die Marke über dem Militärgeschäft den zivilen Markt verlor. Als Indian sich auf den Army-Auftrag konzentrierte, überlegte sich Harley-Davidson die Sache genau, bot nur 7000 Motorräder an und kümmerte sich dann um den Ausbau des Händlernetzes. 1941 schnappte Harley-Davidson den fetten Militärauftrag. Die H-D 45 war praktisch ein Jahr vor Pearl Harbor fertig, mit dem Kriegseintritt der USA 1941 konnte dann die Fertigung anlaufen. Insgesamt wurden mehr als 80.000 Maschinen dieses Modells und Teile für weitere 30.000 geliefert. Jahrzehntelang waren in Frankreich noch einige dieser Motorräder im aktiven Dienst zu finden, oft bei Bauern, die die mechanische Zuverlässigkeit solcher Geräten zu schätzen wußten. Mit der Zeit haben diese 45er im Schatten der größeren Modelle mehr und mehr Anerkennung in der Klassikerszene gefunden.

Allerdings ist nicht jede Harley, die hier zu sehen ist, Olivgrün. Schon 1914 hatten neun amerikanische Bundesstaaten Harleys für ihre Polizisten gekauft. Arthur Davidson besuchte 1909 die Jahresversammlung der Landbriefträger in Chicago, fünf Jahre später wurde an diese Organisation schon fast 5000 Motorräder jährlich geliefert. 1915 bot das Werk außerdem ein Liefergespann an, frei ab Werk mit Name und Emblem des Käufers auf den Flanken.

Das Verhältnis zwischen Harley-Davidson und der Polizei hat ebenfalls eine lange Tradition. Heute publiziert die Abteilung für Behördenmaschinen eine kleine Zeitschrift – *The Mounted Officer*–, um diese 80 Jahre alte Tradition aufrecht zu erhalten. Die California Highway Patrol fuhr gelegentlich Kawasaki, aber dieses Marktsegment hat Milwaukee zumindest wieder teilweise zurückerobert. Ducati, Moto Guzzi, BMW wie auch einige andere Marken konnten gelegentlich in den amerikanischen Behördenmarkt einbrechen, ohne die Vormachtstellung von H-D ernsthaft zu gefährden. Vor dem Ersten Weltkrieg hatten Indian und Excelsior diesen Markt fest im Griff. Die Vierzylinder Excelsior vibrierte weniger als die Harleys und war deswegen komfortabler. Auf ihr ließen sich harte Einsätze über einen ganzen Tag, Verfolgungsjagden nach Autos oder sogar Pferden viel besser überstehen. Andere Vierzylinder-Konkurrenten kamen von Henderson und Ace. 1924 liebäugelte H-D ebenfalls mit einem Vierzylinder, extra für den Behördenmarkt, aber William Davidson zögerte, da er die Kapazität für die Produktion des Model J nicht einschränken wollte. Wahrscheinlich hatte er recht.

Schon 1925 hatte Harley-Davidson Motorräder an 2500 Polizeikräfte geliefert, obwohl kein Zweifel herrschte, daß die Motorräder der Konkurrenten schneller waren. Das Auto als Privatfahrzeug setzte sich überraschend rasant durch, erhöhte Unfallzahlen folgten ebenso unerwartet wie schnell. Daß Harley-Davidson jetzt einen

MILITARY POLICE
3A
2ΔP
HQ 5
SHIP.WGT.-535LBS
O-LGTH-88INS
O-HT-59INS
O-WIDTH-37INS

OBEN:
Harley verkaufte seine Motorräder an die Polizei zu absoluten Kampfpreisen. Hier eine typische Abteilung 1916.

RECHTS:
Und was ist in dem Box? Tatsächlich befindet sich dort mehrere Waagen, womit der Polizist Autos und Lkw auf Überladung auf den Highways von Illinois kontrollierte. Das Motorrad ist ein Henderson-Vierzylinder, für Harley ein starker Rivale im Behördengeschäft.

besseren Ruf genoß, lag an der höheren Leistung der Zweizylinder und dem besseren Marketing auf dem Behördensektor. Wie in Kapitel vier beschrieben wird, bot H-D die Polizeiversion VL auch dem zivilen Publikum an – ein verzweifelter Versuch, auch in der harten Realität der Wirtschaftskrise im Geschäft zu bleiben. Anfang der Dreißiger fuhren schon 3000 Polizeiabteilungen Harley Davidson. Die Händler waren davon nicht begeistert, da die Polizei oft Sonderkonditionen mit Wartung und Rückkauf aushandelte. Da es jedoch oft um größere Stückzahlen ging, gab man meistens nach, und wer behauptet, daß dabei Geld unter dem Tisch oft genug eine Rolle spielte, liegt sicher nicht daneben.

Die Zweizylinder waren letztendlich nicht schnell, aber schnell genug für die Polizeiarbeit. Die standfeste Kupplung, das robuste Getriebe sowie der Antrieb (wo Indian noch Probleme hatte) waren überzeugende Argumente, die für H-D sprachen. Der Hauptteil der Arbeit bestand schließlich nicht in der Jagd mit haarsträubenden Geschwindigkeiten auf Al Capone, sondern aus gemütlichen Patrouillen auf den Highways und Boulevards. Und so ist es noch heute. Und wie jeder Harley-Fan weißt, gibt es da nichts Besseres als eine V-Twin.

Harley-Davidson kennt den Wert dieses Symbolfigur in der Werbung, der Polizist, dein Freund und Helfer: »Laßt ihn die Mordserie stoppen«, hieß es in den Dreißigern. »Der Motorradpolizist kann die Unfallszahlen in Ihrer Stadt verringern...Verringert den Verkehrstod.«

V-Twins gingen auch im Zweiten Weltkrieg an die Polizei, auch wenn der größte Teil der Produktion sich mit der 45 WL beschäftigte. Nach dem Krieg war das bevorzugte Fahrgerät aller Highway Patrols die FL 1200 (74) mit niedriger Verdichtung. Die Handschaltung, die hervorragenden Komfort bei niedriger Geschwindigkeit bot, und auch die allgemeine Optik des Motorrads (wichtig für den Einsatz bei Motorradeskorten) spielten dabei eine große Rolle. Selbstverständlich umwarben die Japaner in den Siebzigern diese Kundengruppe mit besonderem Engagement. Während der AMF-Epoche hatten die Harleys nicht nur japanische Gabel, Stoßdämpfer und Vergaser, man sah jetzt auch die ersten Honda in Polizeieinsatz auf den Highways. Die Evo-Motoren konnten in den Achtzigern den Behördenmarkt zum Teil wieder zurückerobern, wobei sich das Modell FXRTP als Verkaufsschlager erwies. Heute sind die Verkaufszahlen so gut wie eh und je. Die California Highway Patrol verlangte eine Spitzengeschwindigkeit von 100 Meilen pro Stunde, und mit Hilfe einer Verkleidung konnte H-D 1984 diesen Anforderungen gerecht werden.

So ein großer V-Twin kann eine ganze Menge schleppen, das sah nicht nur die Polizei sondern auch das Werk früh ein. Für den zivilen Markt führte die Marke schon in den Zwanzigern ein Zubehörprogramm ein, eine Philosophie, an der trotz aller Schwierigkeiten in den Dreißigern bis heute festgehalten wird. Die Zubehörliste für die Polizei ist sehr lang. Extra Windschutzscheibe aus

STATE OF ILLINOIS
HIGHWAY PATROL

***Rechts:** Dies ist tatsächlich ein ehemaliges Polizeimotorrad, ein 1000er EL. Offensichtlich hat der Knucklehead heute ein liebevolles Zuhause beim jetzigen Besitzer Mr. B. Gagne gefunden.*

HARLEY-DAVIDSON

OBEN:
Noch ein ehemaliges Polizeimotorrad, heute in Privatbesitz (Joe Osborne): eine Panhead von 1960, die Duo-Glide. Ein elektrischer Anlasser für die FL und FLH kam erst 1965.

Lexan, Warnlichter, Sirene, Antistöranlage, die offizielle Polizeijacke und selbstverständlich auch sämtliche Chromteile für den zivilen Markt, wie Schalldämpfer, Batteriedeckel und so weiter sind erhältlich. Letzteres steigert den Wiederkaufswert nach der Ausmusterung. Wie so oft in der Geschichte des Behördenmotorrads wurden diese Maschinen sehr billig verkauft, ein dringend notwendiges Opfer, um die Moto Guzzi und andere Spezialausführungen wie die Kawasaki KZp Police Special von 1975 in Zaum zu halten. Wer aber die FLHTP der Houston Police gesehen hat, muß zugeben, daß es das Opfer wert war.

Und dann die Militärversionen. Der mexikanische Revolutionsführer Pancho Villa ließ 1916 einige amerikanische Ingenieure ermorden, worauf Präsident Wilson eine bewaffnete Truppe unter General Pershing schickte, um ihn zu verhaften. Das Kriegsdepartement hatte schon seit einiger Zeit Motorräder mit Maschinengewehren, aber keine Harley-Davidson.

LINKS UND UNTEN:
Wenn es Zeit für Sturgis ist, muß der Freund und Helfer auf dem richtigen Motorrad sitzen. Für solche Zwecke werden die Motorräder mit mehreren Zubehörteilen aus dem H-D Katalog ausgestattet.

RECHTS:
Die FLHT Electra Glide in Houston, Texas. Hier sind keine Honda oder Kawasaki erwünscht. Amerikanische Motorräder sind bei der Polizei seit 1907 im Einsatz.

Harley-Davidson
POLICE

kam, griff H-D die Gelegenheit. Nur zwei Tage später waren die ersten Motorräder an der Grenze, bereit, unter General »Black Jack« Pershing loszuschlagen. Genauso schnell waren die ersten Werbetexte fertig: »Uncle Sam hat jetzt 34 Harley-Davidson im Einsatz an der mexikanischen Grenze.« Die Gespanne waren mit einem fest montierten Colt-Maschinengewehr ausgestattet worden.

Obwohl Harley-Davidson schlauerweise den größten Teil der Produktion für den zivilen Markt reserviert hatte, lieferte man doch einen erstaunlich hohen Prozentsatz an die Army. Am Ende des Ersten Weltkrieges sollte nahezu die gesamte Produktion an das Militär gehen. In diese Zeit fallen auch die ersten H-D-Exporte nach England. Auch dort hatte sich die gesamte Motorradindustrie auf ein militärische Produktion umstellen müssen. Zivile Käufer mußten die Marke wechseln, die Wahl fiel meistens auf ein amerikanisches Produkt. Das gab den amerikanischen Herstellern die Möglichkeit, erstmals auch auf den britischen Inseln Fuß zu fassen. Das half der Marke, die unmittelbare Nachkriegszeit zu überstehen, denn nicht nur für Harley, für die ganze Motorradindustrie hatte sich die Lage grundlegend verändert.

Wieviele Motorräder tatsächlich über den Großen Teich verschifft wurden, ist nicht sicher, jede Quelle nennt andere Zahlen. Soviel jedenfalls steht fest: die Exportmodelle wurden nicht besonders modifiziert. Als der Frieden kam, stand das Serienprodukt in der gleichen Ausführung da, und es gab keinen Grund, nicht mehr abgenommene Militär-Motorräder für zivile Zwecke umzurüsten. Sie konnten einfach so verkauft werden. Auch die olivgrüne Lackierung blieb den Serienmaschinen erhalten, und das für die nächsten 15 Jahren. Bevor die USA in den Ersten Weltkrieg 1917 offiziell eintraten, befanden sich Harley-Davidson-Motorräder in englischen Diensten an der Front und transportierten verwundete Soldaten in die Lazarette. Die meisten Motorräder dienten als Aufklärungs- oder als Kurierfahrzeuge, nicht im Kampfeinsatz. Wenn man den langen Zermürbungskrieg mit seinen erstarrten Fronten bedenkt, ist dies auch nur verständlich. Die damalige Norton-Werbung zeigte Motorräder mit feuerspeienden Maschinengewehren im Angriff über ein offenes Feld, ein propagandistisch wirkungsvolleres Bild als die harte Realität von Verwundetentransporten. Wie im Zweiten Weltkrieg wurden große Fahrzeugdepots angelegt, und sehr früh war klar, daß die Wartung ein Problem werden würde. Die Armee brauchte Hilfe, ihren Fuhrpark instand zu halten. H-D reagiert und gründete 1917 die »Harley-Davidson Service School«, um militärem Personal grundlegende Kenntnisse in Wartung und Technik beizubringen. Diese Fortbildungs-Veranstaltung fand im Werk über drei Wochen statt. Der erste Kurs im Juli 1917 wurde von neun Korporalen aus Fort Sam Houston besucht. Diese Ausbildung lief auch nach dem Krieg weiter, eine kluge Entscheidung. Um so mehr Leute ihre Motorräder warten und reparieren konnten, desto besser wurde die Zuverlässigkeit und der Ruf der Marke. Mehr als

UNTEN:
Harley-Davidson-Motorräder setzten die amerikanischen Streitkräften erstmals 1916 bei der Jagd auf Pancho Villa ein. Er wurde zwar nicht gefunden, Harleys Ruf litt jedoch nicht darunter.

OBEN:
Am 6. August 1918 wartet ein Motorradbote auf die Fotoplatten des Luftbeobachters Lieutnant J.H. Snyder, um sie ins Labor zu bringen. Der Pilot ist ein gewisser Major J.N. Reynolds von der 91st. Aero Squadron in Gondreville-sur-Moselle.

LINKS:
Die ersten Studenten bei der Ausbildung auf Harley Davidson in der Armee 1917.

300 Soldaten absolvierten diese Ausbildung, aber glücklicherweise war der Krieg zu Ende, bevor die US-Streitkräfte voll gemustert waren. Nur wenige mußten tatsächlich den Trip über den Teich unternehmen. Die meisten ausgebildeten Mechaniker landeten bei den Fahrzeugdepots, wo die Maschinen vorbereitet wurden.

Die berühmteste Geschichte einer Harley im Ersten Weltkrieg wäre wohl für alle Zeiten vergessen, hätte sie nicht ein unbekannter Fotograf im Bild festgehalten. Am 8. November 1918 hatten die amerikanischen Truppen in fröhlicher Erwartung auf des nahen Sieges schon kräftig gebechert. Aus einer der feucht-fröhlichen Sie-

USA

gesfeiern wurde Corporal Roy Holtz aus Chippawa Falls in Wisconsin abberufen und erhielt den Befehl, mit seinem Harley Gespann eine Nachtmission durchzuführen. Wohin Holtz und der Captain im Beiwagen eigentlich sollten, weiß heute niemand mehr, nur daß sie ihr Ziel nicht erreichten, das ist bekannt. Die Straßen im nördlichen Belgien hatten sich in Schlamm aufgelöst, Artilleriefeuer durchzuckte die Nacht. Daß der Offizier unter diesen Umständen die Orientierung verlor, ist wohl erklärlich. Holtz kannte die Gegend und informierte den Captain, daß sie in Richtung den deutschen Linien fuhren. Der weigerte sich, das zu glauben – ein Offizier hat immer recht – und ließ weiterfahren. Beim nächsten Halt war dann klar, daß Unteroffizier Holtz doch recht gehabt hatte. Die beiden waren tatsächlich Richtung Osten gefahren. Noch schlimmer, der Bauernhof, vor dem sie standen, war das Hauptquartier einer deutschen Division.

Holtz sprach fließend Deutsch und erhielt einen Drink, vielleicht um ihn gesprächig zu machen, obwohl es unwahrscheinlich ist, daß deutsche Offiziere in den letzten Kriegstagen Interesse an strategischen Informationen entwickelten. Die beiden wurden bis zum Waffenstillstand am 11. November festgehalten und dann einfach freigelassen. Irgendwie wurden sie von einander getrennt, vielleicht verbirgt sich dahinter auch eine tolle Geschichte, aber der Name des selbstsicheren Captains ist bis heute unbekannt, oder auf jeden Fall nicht bekanntgegeben worden.

Den Namen des Motorradfahrers kennen wir auch nur wegen eines Fotos, das ein deutscher Zivilist während der Rückfahrt dieses Gespanns knipste. Das Bild ist unheimlich. Die Schattenfiguren einer deutschen Kolonne drehen sich nach dem Gespann um. Der Fahrer hat die Brille auf den Kopf geschoben, ein Ersatzreifen hängt auf der Nase des leeren Beiwagens. Das Bild wurde von einem anderen Motorradboten in einem deutschen Fotogeschäft schon Tage später gefunden und an Harley-Davidson geschickt. Das Bild ging anschließend um die ganze Welt: »Der erste Amerikaner in Deutschland.« Die Wahrheit ist allerdings, daß er in dem Moment gerade Deutschland verließ.

1916 gründete Harley-Davidson die Zeitschrift *The Enthusiast* als imagebeförderndes Mit-

GEGENÜBER:
Ein treues Arbeitspferd, vielleicht alt, aber noch tauglich. Ältere WLA sind ab und an noch im Besitz von französischen Bauern zu finden und befahren noch heute die kleinen Straßen in Normandie. Die Ledertaschen gehörten zu der Originalaustattung der Militärversion.

UNTEN:
Viele WLA sind heute in modernen Rat Bikes verwandelt worden.

tel. Sie wird noch heute publiziert und ist deswegen eine der ältesten existierenden Motorradzeitschriften. 1943 wurde das Foto von Holtz in *The Enthusiast* veröffentlicht und der bis dahin unbekannte Soldat erschien in der Juneau Avenue und verlangte ein Exemplar. Bei dieser Gelegenheit konnte er die ganze Geschichte erzählen.

Zwischen den beiden Weltkriegen sahen Harley-Davidson-Motorräder die ganze Welt, zum Teil wurden sie auch in Lizenz gefertigt. Der bekannteste Nachbau entstand in Japan und hieß »Rikuo«. Er wurde mindestens bis 1946 gebaut. Harleys wurden in Zentralamerika, Südamerika und der Mongolei verkauft und leisteten aktiven Kriegsdienst im spanischen Bürgerkrieg. Im letzteren Fall dürfte es sich um ehemalige Polizeimaschinen gehandelt haben, die von den Kriegsparteien requiriert worden waren.

1937, vier Jahre vor dem japanischen Überfall auf Pearl Harbour, inspizierte die Armee die zivile Serviceschule. Sie konnte jetzt 50 Mechaniker pro Monat ausbilden. Genau wie kurz vor dem Ersten Weltkrieg waren die Motorradhersteller in den Kriegsapparat mit einbezogen und die

***UNTEN:* Amerikanische Fallschirmjäger in der Ausbildung 1944. Der Fahrer fährt eine Übungsrampe herunter.**

LINKS:
Um sicher zu gehen, daß die Jungs sich richtig benehmen: Amerikanische Motorradpolizisten im Londoner Regierungsviertel Whitehall.

UNTEN:
Ein kanadischer Motorradfahrer beim feudalen Hauptquartier seiner Einheit irgendwo in Südengland. Die WLAC hatte Gabel und Bremse des größeren Zweizylinders. Interessant hier ist der Beifahrersattel und der zusätzliche Werkzeugkasten auf dem vorderen Schutzblech.

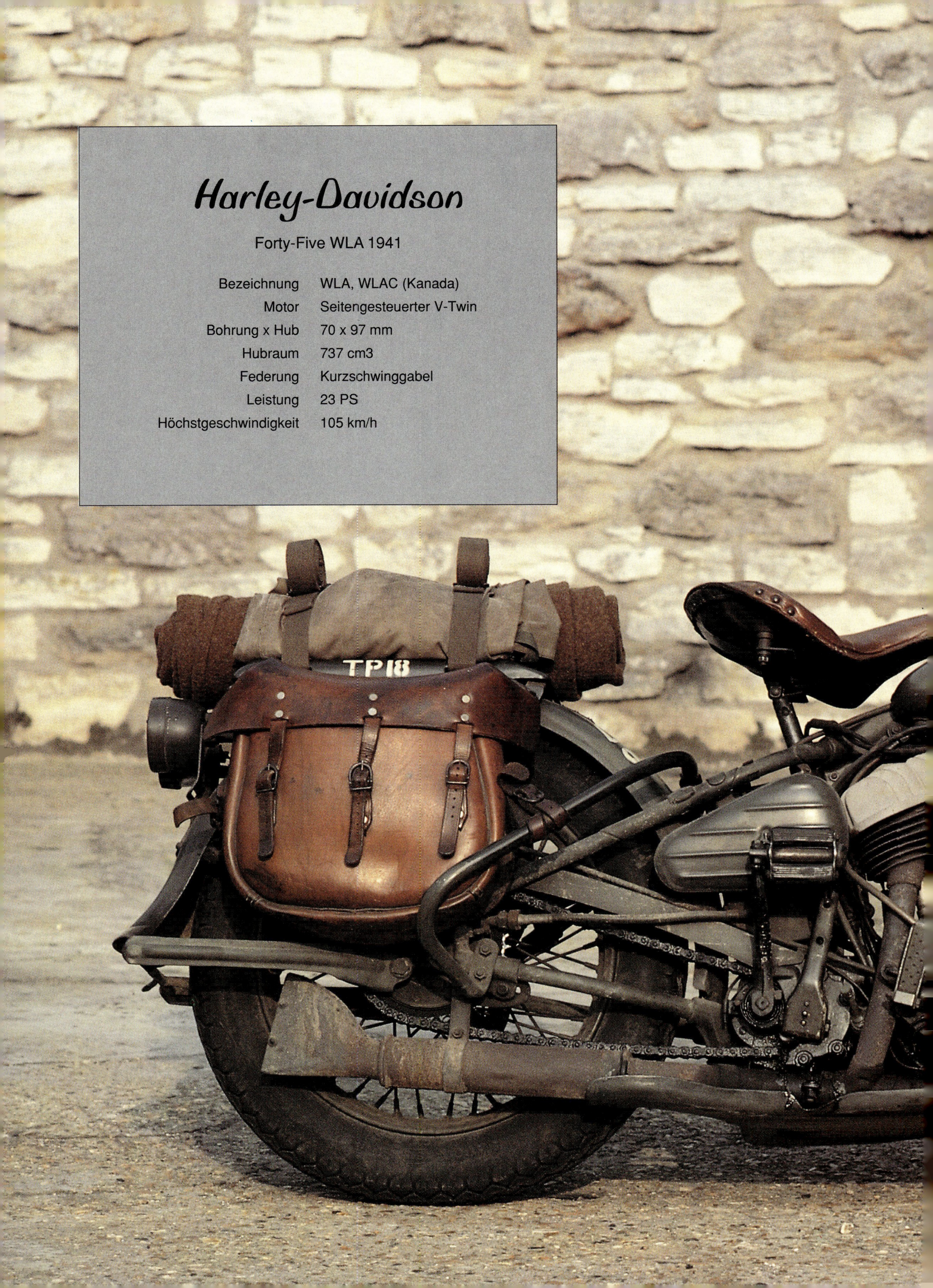

Harley-Davidson

Forty-Five WLA 1941

Bezeichnung	WLA, WLAC (Kanada)
Motor	Seitengesteuerter V-Twin
Bohrung x Hub	70 x 97 mm
Hubraum	737 cm3
Federung	Kurzschwinggabel
Leistung	23 PS
Höchstgeschwindigkeit	105 km/h

U.S.

UNTEN:
Dieser Soldat durchläuft eine Sonderausbildung unter amerikanischer Führung in Australien. Einsätze von Harley Davidson im Pazifikkrieg waren eher selten.

Materialversorgung gesichert. Ende der Dreißiger liefen Dreiräder und Gespanne in Armeetests, fielen aber durch. Der Willys Jeep schnitt da bedeutend besser ab. Im Herbst 1939 kam eine Bestellung aus England über 5000 Motorräder, nachdem das Triumph-Werk in Coventry den deutschen Bombern zum Opfer gefallen ist. H-D lieferte eine verstärkte Version der alten WLD 45 unter der Bezeichnung WLA: mit 18-Zoll-Rädern, breiteren Schutzblechen sowie einer Schutzplatte, die Motor und Antriebskette von unten abdecken sollte. Der Motor stammte aus der WL, niedriger verdichtet und mit größeren Kühlrippen versehen. Ein schwerer Gepäckträger und ein Holster für das Gewehr an der Gabel komplettierte das Paket, insgesamt ein gut ausgerüstetes Gefährt. Wie gut das Motorrad war, bestätigt die Tatsache, daß viele dieser Maschinen noch heute im Betrieb sind. Und nicht nur Großbritannien fuhr Harley-Davidson, auch die Sowjetunion: Rund 30.000 Maschinen wurden an die Rote Armee geliefert. Als die britische Bestellung erfüllt war, erhielt Harley-Davidson von den amerikanischen Behörden einen offenen Kontrakt für die Lieferung von Militärmotorrädern. Das Werk erweiterte die Produktionsanlagen und vergrößerte die Belegschaft. Der größte Teil der Produktion umfaßte die WLA, daneben wurden auch einige 74er und seitengesteuerte Gespanne gefertigt. Die WLAC (C für Kanada) war eine Version speziell für die kanadischen Streitkräfte, mit Gabel und Bremsen der größeren Zweizylinder und Fußschaltung auf der rechten Seite. Der Gepäckträger hatte Platz für ein 20 Kilo schweres Funkgerät, weitere Ausrüstung paßte auf den zusätzlichen Gepäckträger auf dem vorderen Schutzblech.

Viel rarer war die XA Zweizylinder-Boxer, von dem etwa 1000 Stück gebaut wurden. Sie

Oben: Ein Mitglied der Jägertruppe demonstriert den Ernstfall: Übung in England am 24. Februar 1943.

Links:
Soldat Wilburn L. Cummings springt über ein kraterförmiges Hindernis in England. Selbstverständlich wurden nicht nur Harleys im Zweiten Weltkrieg eingesetzt. Auch Norton, BSA und Triumph wurden auf alliierter Seite verwendet, wie auch Indian 741A und B, die aus der 500er Junior beziehungsweise der 750er Scout entstanden waren.

LINKS
Harley auf Skiern – bei einer finnischen Einheit.

RECHTS:
Französische Verbände machen sich irgendwo in Südengland bereit, nach Hause zurückzukehren. Und die Harleys werden den Weg weisen.

UNTEN:
Wichtige Information, vor allem für die Finnen oben und für die viele tausend Harleys, die in Russland im Einsatz waren.

war extra für den tiefen Sand der Sahara gedacht. Der quadratisch ausgelegte Motor war eine direkte Kopie der BMW, die sich scheinbar so mühelos in schwerem Terrain bewegte. Leider wurde das Schmiersystem der deutschen Maschine nicht mit abgekupfert, Lagerschäden gehörten schnell zum Alltag. Als der Krieg sich nach Fernost verlagerte, war der Jeep endgültig der König auf dem Schlachtfeld. In Hinsicht auf die hohen Produktionszahlen ist es nicht weiter verwunderlich, daß tausende Motorräder den Krieg überlebten. 1945 waren tatsächlich 15.000 neue WLA zum Verkauf angeboten.

Was war aber mit den Motorrädern im aktiven Dienst? Die 30.000 Harleys, die sich von der Sowjetunion aus in Richtung Berlin bewegten, gaben die Antwort: ein Motorrad war und blieb ein Transportmittel. Darüber hinaus spielten sie eine Rolle bei den Aufklärern, als Vehikel der Militärpolizei, als Kurier – wie schon im Ersten Weltkrieg – und bei reinen Commandoeinsätzen. »Die Rough Riders von 1942, die schnellste und härteste Truppe zu Land«, beschrieb *This Week* die Motorradtruppe. Kampfeinsätze dieser Art blieben jedoch die absolute Ausnahme. 1943 wurde Harley-Davidson mit dem »Army-Navy E« für hervorragende Leistungen in der Lieferung von Kriegsmaterial ausgezeichnet.

Diese Ehrung war verdient, schließlich ging die gesamte Belegschaft mit Feuereifer ans Werk. Auch das Management zog mit, hatte allerdings einige herbe Verluste zu verzeichnen. Walter Davidson starb im Februar 1942 im Alter von 65 Jahren. William war bereits 1937 gestorben, bis zuletzt noch Geschäftsführer in dem Unternahmen, das er mitgegründet hatte. Bill Harley starb 1944. Die Nachkriegsgeschichte

Oben:
Eskorte für einen General, gestellt von zwei Alliierten: links eine Harley, rechts eine BSA.

begann ohne zwei der wichtigsten Männer der ursprünglichen Harley-Davidson-Familie statt. Deren Geschicke werden wir in den nächsten Kapitel weiter folgen, hier müssen wir noch einmal zurückblenden: Zurück in die Zwanziger und in die Zeit der Wirtschaftskrise, in der einige außergewöhnliche Motorräder in einer sonderbaren Zeit entstanden.

UNTEN:
Nach dem Zweiten Weltkrieg blieben die Harleys in militärischem Dienst auf der ganzen Welt, von Belgien bis nach Südafrika.
Dieser Militärpolizist aus Libyen muß 1954 auf seine Duo-Glide mächtig stolz gewesen sein.

LINKS:
Motorradboten einer kanadischen Division werden von ihren Vorgesetzten vor einem Besuch des britischen Generallieutnants Sir H.C.E Weymiss inspiziert. Schwerer Mangel: Die beiden ersten Motorräder sind keine Harleys.

UNTEN:
Sergeant Joseph A. De Marco aus New York wird 1944 vor dem Einsatz bei Coutances von Militärpolizisten in Les Champs de Losque eingewiesen.

Kapitel 3

Die Roaring Twenties

HARLEY-
DAVIDSON

VORHERIGE SEITEN:
74 JD-Zweizylinder (hier von 1927) waren von 1922 bis zum Ende des Jahrzehnts im Programm. Bill Harley ließ 1925 Arthur Constantine die J neu stylen. Er senkte den Rahmen und zeichnete einen neuen Tank –ein sehr gelungener Versuch, mit minimalen Entwicklungskosten ein neues Modell zu schaffen.

RECHTS:
Ein Model J 61 (1000 Kubik) von 1923. Der erste 1200er Motor erschien im Vorjahr, teilweise um der Nachfrage der Gespannfahrer gerecht zu werden.

Um genau zu sein, müssen wir die Geschichte am Kriegsende 1919 wieder aufnehmen. Nicht nur das Werk sondern auch der Markt schien in Bestform zu sein. 1919 stellte Harley-Davidson nicht weniger als 23.000 Motorräder und 16.000 Beiwagen her. Die alte 1000er war ständig verbessert worden und präsentierte sich in jenem Jahr luxuriös wie nie: Sie verfügte über einen eigens für dieses Modell hergestelltes elektrisches System mit einer Zündung über Batterie und Spule. Die wichtigste Neuheit im gleichen Jahr war die Sport Twin, eine Solomaschine mit einem 6 PS starken Zweizylinder-Boxer. Dabei handelte es sich um eine völlige Neukonstruktion mit voll gekapselter Antriebskette und einem sehr leichten Fahrgestell. Die Maschine wog ungetankt etwa 140 Kilo. Das Modell verschwand zwar schon nach vier Jahren wieder aus dem Programm, sein Ruf als gemütliches und vibrationsarmes Motorrad blieb aber.

Auch 1920 stiegen die Produktionszahlen und das Werk stellte die Weichen voll auf Expansion. Die Herstellung der Einzylinder-Modelle wurde eingestellt und die Kapazität ganz auf die rentableren Zweizylinder konzentriert.

Jetzt bedrohte aber der T-Ford den Absatz. Er kostete nur 400 Dollar und bot Platz für vier Personen, der Zweisitzer kostete nur 265 Dollar. Wie sollte ein donnernder, unhandlicher V-Twin mit einer Familienkutsche da mithalten? Gut, hinterher ist man immer schlauer, doch es ist wirklich erstaunlich, daß Harley Davidson diese neue Konkurrenz nicht rechtzeitig wahrnahm. Henry Ford verfügte über ein großes Händlernetz, und so etwas kann nicht bei Nacht und Nebel aufgebaut werden. Die Harley-Produktion sank plötzlich auf nur noch ein Drittel des Vorjahres.

Motorräder, bis dahin ein Wunschtraum, galten über Nacht nur noch als zweite Wahl. Der Markt schrumpfte beängstigend, Motorradfahren war noch etwas für die einkommenschwache Unterschicht und unverbesserliche Enthusiasten. Der moderne Stadtbewohner, fuhr jetzt Ford. Um das Problem noch ernster zu machen: Indian blieb ein ernstzuehmender Konkurrent, trotz großer Überkapazitäten. Natürlich war es nicht nur die Überlegenheit des T-Modells, die den Rückgang in Motorradverkauf verursachte. Die ganze Autoindustrie hatte Überproduktion, und nicht nur Ford, sondern auch GM verkaufte seine Autos spottbillig. Amerika lebte in jenen fröhlichen Nachkriegsjahren im finanziellen Rausch, die Banken gewährten großzügig viel zu viele und viel zu hohe Kredite. Hersteller wie Harley-Davidson nutzten die Zeit und strukturierten ihr Unternehmen um. Der Motorradhersteller aus Milwaukee zog sich vom Rennsport zurück, zum Teil aus Kostengründen, aber auch, um bei den unvermeidlichen Unfällen nicht in die Schlagzeilen zu kommen. Walter Davidson versprach den Händlern seine Unterstützung, forderte von ihnen wiederum einen verbesserten Kundenservice. Auf dem einheimischen Markt griffen zwar diese Maßnahmen, aber in dieser relativ kleinen Krise kam die größte Hilfe von den vielen Händlern im Ausland. Schon 1920 war die Marke in 67 Ländern repräsentiert, die Früchte Arthur Davidsons früherer Arbeit. Vor dem Krieg ging ein Sechstel der Produktion ins Ausland, in den frühen Zwanzigern waren es sogar fünfzig Prozent. Europa erholte sich nur langsam von den Folgen des Kriegs und hatte noch einen langen Weg vor sich, wollte es den relativen Wohlstand der USA erreichen.

Duncan Watson war vor dem Krieg Harley-Davidsons wichtigster Kunde in Großbritannien,

HARLEY-
DAVIDSON
MADE IN U.S.A

OBEN:
Ein mutiger Versuch, eine neue Motorauslegung zu exploatieren. Die Bezeichnung „Sport“ war jedoch völlig fehl am Platz.

Harley-Davidson

Sport Twin 1919

Das erfolgloseste Modell von Harley-Davidson.
Die schlechten Verkaufszahlen gingen eindeutig auf die geringe Motorleistung zurück,
das Modell verschwand 1922 wieder aus dem Programm.

Bezeichnungen	W, WJ
Motor	Viertakt Zweizylinder-Boxer
Bohrung x Hub	70 x 76 mm
Hubraum	560 cm^3
Federung	Kurzschwinggabel
Leistung	6 PS
Höchstgeschwindigkeit	65 km/h

LINKS:
Sport Twin von 1922 mit Besitzer Don Werner, ein seltenes Motorrad in Originalausführung. Für den Alltagsfahrer war die Sport Twin kein schlechtes Motorrad, die Indian Scout hatte aber einen besseren Durchzug, und sie sah natürlich nicht so komisch aus, sondern wie ein V-Twin.

UNTEN:
Der Optimismus der Motorradindustrie Anfang der Zwanziger war unbegründet und hier ist einer der Gründe: Der Ford T Model. Das hier abgebildete stammt vom Jahre 1916. Die Tatsache, daß Ford und GM hohe Lagerbestände aufwiesen und diese durch Dumpingpreise abzubauen versuchten, machte die Lage noch schlimmer.

und diese Rolle sollte er auch jetzt wieder übernehmen. Er koordinierte danach den Import für mehrere europäische Länder. Leider traten 1925 neue englische Importtarife in Kraft, die die Maschinen um 33 1/3 Prozent verteuerten. Japan war ebenfalls ein wichtiger Markt, sollte aber in den nächsten Jahrzehnten problematisch werden.

In den USA wurde »Wirtschaftlichkeit« zu einem wichtigen Thema in der Werbung; Harley-Davidson reagierte 1925 mit der Einführung der 21-CD, einem neuen Einzylinder. Die kleine Maschine war nicht nur zu Hause erfolgreich, sondern auch auf dem Exportmarkt.

Die Stimmung jener Zeit läßt sich vielleicht ganz gut an den Verkaufsbezeichnungen der H-D-Beiwagen ablesen. 1920 hießen sie »Joy« (Freude), 1921 »Meadow« (Wiese), 1922 dage-

Links: Eine ungewönliche Aufgabe für Harley-Davidson Motorräder: Die Profispieler Fred Sladden und Johnny Raimondi schlugen den Rekord für gespielte Löcher in einem Tag – 263 Löcher in 16 Stunden und 12 Minuten auf dem Dunedin Isles Golf and Country Club. So fix wäre es ohne ihre Transportmittel nicht gegangen. Ob Harley deswegen später Golfwagen baute?

gen »Plot« (Komplott, auch: Fabel) und 1923 »Purity« beziehungsweise »Puritan« (Reinheit und Puritaner). Die Gespanne waren immer noch wichtige Umsatzträger, daher wurde 1926 mit der 18 PS starken 1200 Superpowered Twin eine kräftige Zugmaschine vorgestellt. Ab 1925 mußte Harley die Beiwagenproduktion selbst übernehmen, da der Hersteller Rogers Company sich profitablere Aufträge suchte.

Die Betonung der Sparsamkeit zahlte sich auf dem Behördenmarkt aus, 1925 fuhren immerhin noch 1400 Polizeidienststellen Harley Davidson. Trotz der wirtschaftlichen Schwierigkeiten wurde der J Zweizylinder weiterentwickelt. Er erhielt einen niedrigeren Rahmen, was dem Motorrad eine tiefe, moderne Linie gab. Für einen Hauch von Luxus sorgte die neue, grüne Lackierung mit abgesetzten Gold-Zierlinien, die

OBEN:
Transmissionsseite von Dr. L. Friedmanns JD in Daytona. Einige Besitzer haben heutzutage eine spätere Vorderradbremse einbauen lassen, was aber nur Puristen stören wird. Alltagtauglicher sind die ehrwürdigen Vehikel dadurch allemal.

zumindest zeitweise das Olivgrün ersetzte. Doch damit nicht genug: »It's here! The sensational Stream-Line!« tönte die Werbung und pries den tropfenförmigen Tank von 1925, der bald zu einem typischen Kennzeichen werden sollte. Das neue Design stammte aus der Feder von Arthur Constantine, den Bill Harley damit beauftragt hatte. Bill Harley wußte genau, wann es an der Zeit war, jemand mit neuen Ideen ins Boot zu holen. Damals bezeichneten dies viele als Fehler, heute wissen wir: Es war eine Tugend.

Für Harley erwies es sich auch von Vorteil, daß viele kleine Zulieferer im Verlauf der Wirtschaftskrise den Bach runtergingen. Harley hatte – immer noch – das nötige Geld und die Kapazität, um da einzuspringen. Um eine Lücke im Harley-Zubehörkatalog zu erspähen, muß man heute schon mit der Lupe suchen. Damals war beileibe nicht geplant, daraus eine Dauereinrichtung zu machen, nur übergangsweise sollte die Herstellung von Beleuchtung, Tachometern und anderen Komponenten in Milwaukee abgewickelt werden. Bald machte das Werk (und die Händler) jedoch damit Profit und forcierte das dann. So überzeugte man die Händler von der Notwendigkeit, ausschließlich Originalzubehör zu verwenden. Daß das nicht immer der Weisheit letzter Schluß war, davon berichtet Harry V. Sucher in seinem exzellenten Buch Harley Davidson, the Milwaukee Marvel. Als die Leistung des Model J stieg, waren die Schlepphebel oft übermäßig strapaziert. Das Werk wollte jedoch das alte Nockenwellenprofil nicht wieder einsetzen. Einige Fahrer und Händler ersetzten die H-D-Parts kurzerhand durch die Schlepphebel von Indian, die paßten und hielten. Harley war sauer und warnte die Händler mit Nachdruck vor der Verwendung nicht authorisierter Teile – Warnungen, die meist unbeachtet blieben. Zähneknirschend besserte das Werk schließlich nach und verwendete dickeres Material. Es blieb ein halbherziger Versuch, nicht mehr als Flickschusterei.

1924 führte Walter Davidson eine Art Leasing ein, um neue Kunden zu locken und schlug den Händlern vor, ihren Service zu verbessern. So könnten sie doch Touren für ihre Kunden veranstalten, um die bestehenden Käufer zu halten. All das reichte aber nicht aus, um die Verluste dieses Jahres zu verhindern. Der Verlust war nicht groß und blieb lange Jahre der einzige, den das Werk verbuchen mußte.

Die J-Modelle erhielten 1928 Zuwachs, es erschienen die JH61 und die JDJ 74, beide schnelle und teuere Maschinen mit doppelter Nockenwelle. Ein bißchen prosaischer, aber nicht weniger wichtig war die verbesserte Ölpumpe und die Vorderradbremse, die die J in der Basisausführung erhielt. Im gleichen Jahr kam außerdem die Model C, aus der im folgenden Jahr die CK entwickelt wurde. Der seitengesteuerte Einzylinder war unter Händlern nicht populär und noch weniger unter den Käufern. Sie sah nicht nur merkwürdig aus, sondern neigte auch zur Überhitzung. Und die R-Serie, der Langhuber in 750er V-Ausführung, war zu langsam.

Überhaupt wirkt in diesem Zeitraum die H-D-Modellpolitik reichlich konfus, die beiden Baureihen sind der beste Beweis. Die Einzylinder erhielten den gleichen Rahmen wie die Zweizylinder und wurden dadurch zu schwer. Der Zweizylinder verfügte dagegen über Kupplung und Getriebe des Einzylinders und war daher chronisch unzuverlässig. Diese ziellose Sparpolitik paßte schlecht zum erklärten Ziel, der populären Indian 101 Scout Paroli zu bieten. Die kleine Indian verkaufte sich nämlich zu dieser Zeit sehr gut. Als die Kritik immer lauter wurde, reagierte das Werk in Milwaukee endlich, brachte größere Vergaser und andere Benzin- und Öltanks, aber es war zu spät. Mit der gleichen Unsicherheit agierte man auch bei dem großen Zweizylinder.

Harley-Davidson

30.50C Baby Harley 1929

Unpopulär in den USA, verkaufte sich die Baby Harley jedoch im Ausland gut, besonders in Japan, wo sie bis 1937 erhältlich war. In den USA verschwand sie nach 1934 aus dem Programm.

Bezeichnungen	C, CM
Motor	Seitengesteuerter Einzylinder
Bohrung x Hub	78,7 x 10,1 mm
Hubraum	500 cm³
Federung	Springer Kurzschwinggabel
Leistung	10 PS Höchstgeschwindigkeit etwa 100 km/h

Die seitengesteuerte 74 VL sollte 1929 die J-Serie ablösen. Sie war unwahrscheinlich schwer und nicht stärker als die JH. Die Schwungräder waren im Vergleich zum Hubraum sehr klein. Der minimale Zugewinn in der Beschleunigung war jedoch nichts im Vergleich zu dem verlorengegangenen Durchzug. Den seitengesteuerten Ventiltrieb hatte man wegen des Erfolgs gewählt,

UNTEN:
Die 1000er 61 V-Twin war das wichtigste Modell als 1921 die Verkaufszahlen sanken. Eine Vorderradbremse gehörte erst 1927 zur Serienausstattung.

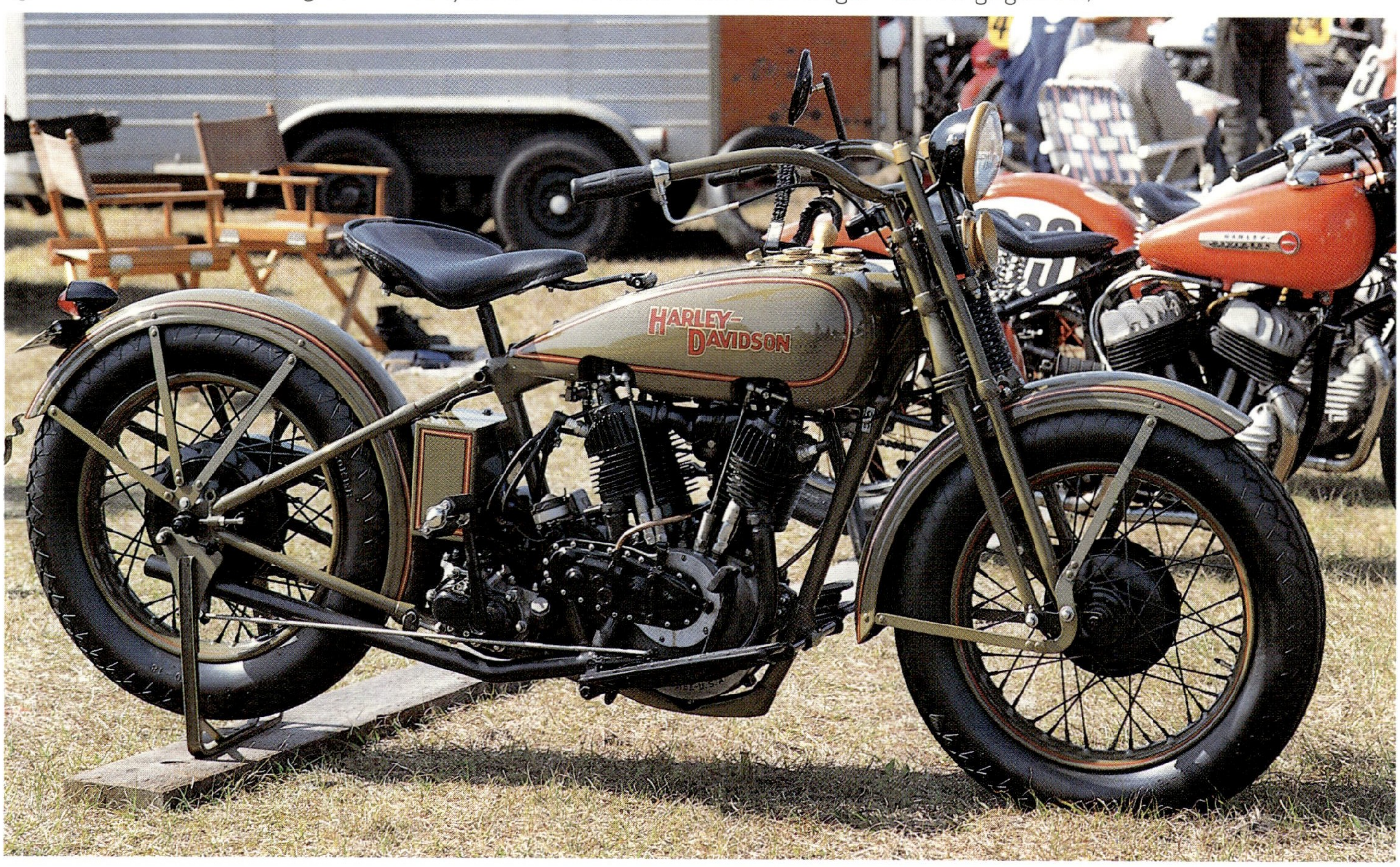

den Indian mit dem gleichen Ventilsystem erzielte.. Doch vor lauter Schielen nach der Konkurrenz versäumte man, ein konkurrenzfähiges Produkt auf die Räder zu stellen. Und das sollte sich rächen. Viele Polizeidienststellen stornierten ihre Bestellungen als Gerüchte über Leistungsmangel beim neuen Modell die Runde machten. Einige Händler wechselten sogar zu Indian oder Excelsior. Harley Davidson schien einen schweren Fehler begangen zu haben. Das Werk reagierte schnell, baute schwerere Schwungräder ein, was wiederum neue Kurbelgehäuse nötig machte, und weil man sowieso daran war, konstruierte man ebenfalls neue Nockenwellen. Zum guten Schluß war ein neues Fahrgestell nötig. All das kostete Zeit, Geld und Goodwill von Seiten der Kunden und führte zu Umsatz-Rückgängen. Harley-Davidson hatte aber andererseits einen langen Atem, hatte den Ruf, die Händler und schließlich auch das Produkt, um diese Rückschläge, die andere Hersteller das Leben gekostet hätten, wegzustecken. Andererseits sollte

Rechts:
Eine wechselgesteuerte 1000er J aus dem letzten Baujahr 1929. Sieben Jahre später stand wieder ein Motor mit 1000 Kubik Hubraum im Programm, die obengesteuerte Knucklehead.

Nächste Seite:
Das Foto wurde 1988 aufgenommen, wir hoffen jedoch sehr, daß das Motorrad sich immer noch im gleichen Zustand befindet. 1929 hatte Harley-Davidson V-Zweizylinder in den Kategorien 750, 1000 und 1200 Kubik, dazu kam die Special, die auf der Rennversion der 1200er basierte.

diese 750er V Zweizylinderkonstruktion die nächsten 24 Jahren in Produktion bleiben.

Einige H-D-Höhepunkte in den turbulenten Zwanzigern müssen extra erwähnt werden: Gegossene Rahmenverbindungen, verbesserte Schmierung (die VL hatte jedoch noch Verlustschmierung), bessere Materialien, die neue Zündung mit einer Spule sowie eine größere Auswahl an Modellvariationen. Dazu erwarb Harley-Davidson allmählich eine Machtposition in der AMA (der amerikanischen Motorföderation), da Indian für 1928 seine finanzielle Unterstützung verweigerte und langsam andere Geschäftsbereiche (zum Beispiel das Automobilzubehör) erschloß – was letztendlich zum Untergang der Marke führte.

Glücklicherweise wurde das Jahr 1929 für die ganze Industrie ein gutes Jahr. Insgesamt wurden 31.000 Motorräder produziert, davon 21.000 Harley-Davidson. Mittlerweile schotteten sich die europäischen Märkte durch hohe Schutzzölle rigoros ab – was sie nicht davor bewahrte, in den Strudel der Weltwirtschaftskrise gezogen zu werden.

Harley-Davidson

Forty-Five D 1929

Ein wichtiges Modell, das zwischen 1929 und 1952 produziert wurde.

Bezeichnungen	D, DL, DLD, R, RL, RLD, W, WL, WLD, WLDR, WLA, WLAC
Motor	Seitengesteuerter V-Zweizylinder
Bohrung x Hub	70 x 97 mm
Hubraum	750 cm³
Federung	Springer Kurzschwinggabel
Leistung	20 PS
Höchstgeschwindigkeit	90 – 105 km/h

Kapitel 4

Die Wirtschaftskrise

Vielleicht machen wir bis Frühjahr weiter

HARLEY-DAVIDSON

VORHERIGE SEITE:
Einerseits ist es erstaunlich, daß Harley Davidson Motorräder am Ende dieses katastrophalen Jahrzehntes immer noch Motorräder wie diese Knucklehead EL von 1939 herstellen konnte. Daß das Unternehmen überlebte ist andererseits ein Beweis für Einfallsreichtum, Geschäftstüchtigkeit und solides handwerkliches Können.

NÄCHSTE SEITE:
Hier eine seitengesteuerte 74 VL. Diese 1000er wurden zwischen 1930 und 1936 gebaut. Olivgrün war 1933 nicht mehr gefragt, eine Art Deco-Grafik auf dem Tank dafür um so mehr.

»Wir können Sie vielleicht bis Frühjahr behalten.«
(William A. Davidson)

Am »schwarzen Freitag«, dem 25. Oktober 1929, stürzte eine Welt zusammen – die der Banker und Spekulanten, all derjenigen, die mit Hilfe von Aktienkursen und Wertpapieren das große Geld zu machen versuchten. Die meisten Aktien waren allerdings noch nicht einmal das Papier wert, auf dem sie gedruckt waren: Denn mit der Schaffung realer Werte, mit echter Arbeit, mit Herstellung, mit der Produktion von Gütern aus Rohstoffen hatte das Gewusel an der Wall Street, Amerikas Finanzzentrum, nichts zu tun. Und das sollte sich bitter rächen. 5000 Banken gingen in Konkurs, die Zahl der Arbeitslosen betrug auf dem Höhepunkt der Krise 15 Millionen Menschen – ein Drittel aller Amerikaner verlor ihre Jobs. Ironischerweise war das Jahr 1930 für Harley-Davidson – wie für die meisten Industrieunternehmen – noch recht erfolgreich. Zwar ging der Verkauf von Einzylindern im Inland zurück, doch dafür liefen diese Modelle im Ausland. Die Zweizylinder erzielten nahezu unveränderte Verkaufszahlen und fast schien es so, als sei die ganze Aufregung in der Wall Street nur ein Sturm im Wasserglas. Und außerdem war da noch Präsident Hoover, der hatte genug getan, um die Langzeitwirkungen zu lindern. Selbstverständlich war dieser Optimismus nur eine Illusion, die Auswirkungen der Krise machten sich jetzt erst bemerkbar. Im November 1930 war die noch verbliebene Harley-Davidson–Belegschaft mit einer zehnprozentigen Lohnsenkung einverstanden. Die Produktion sank 1931 auf rund die Hälfte. Die Einnahmen für 1932 betrugen etwa ein Drittel der Zahlen von 1930. Es gibt keinen offensichtlichen Grund, warum Harley-Davidson die Katastrophe, die andere zum Scheitern brachte, überstand. Doch es war so. Bald notierte man in Milwaukee die doppelten Verkaufszahlen von Indian und sah in aller Ruhe zu, wie der zweite Konkurrent, Excelsior, von der Bildfläche verschwand.

Die Werbung der Marke in den Dreißigern war bunt und voller Selbstvertrauen. Je mehr der einheimische Markt schrumpfte, desto wichtiger wurde das Exportgeschäft, das intensiv bearbeitet wurde. Auch Zubehör wurde aggressiver vermarktet. Der Behördenmarkt sicherte das Überleben, 1930 benutzten mehr als 3000 amerikanische Polizeidienststellen Motorräder der Marke Harley-Davidson. Niemand hätte es jedoch gewundert, wenn Harley–Davidson 1932 den Laden dichtgemacht hätte. Die zweite Generation der Gründerfamilien weigerte sich allerdings standhaft, ohne Kampf aufzugeben – William J. Harley, William H. (der 1942 Präsident wurde) und Allan, Gordon und Walter C. Davidson.

Und gearbeitet wurde daneben auch noch: Es galt, die Mängel der 1929er Baureihe auszumerzen. Sobald der neu konstruierte Motor der 45 serienreif war, wurden bis 1936 keine weiteren Änderungen durchgeführt. Es ist auch nicht verwunderlich, daß bis zu jenem Jahr keine großen technischen Innovationen stattfanden.

Langsam waren die Motoren vielleicht und das Getriebe war ebenfalls nicht einwandfrei, aber mit den großen Kühlrippen hatten sie einen ruhigen Leerlauf. Der Zweite Weltkrieg machte die 45 zur meistgebauten Harley-Davidson aller Zeiten, auch wenn die größeren Modelle an sich attraktiver waren.

Die auf der 45 basierende Servi-Car kam 1932. Die Maschine hatte die kettengetriebene Hinterachse eines Autos und war mit verschiedenen Aufbauten lieferbar. Der Ursprung dieser Idee kam aus Japan und dem Fernen Osten, nicht, wie später üblich, umgekehrt. Motorisierte

HARLEY-DAVIDSON

Rickshaw gab es in Japan schon seit mehr als zehn Jahren. Die Dreiräder mit ihrem gemütlichen Fahrverhalten wurden im Osten nicht nur für Transportzwecke benutzt, sondern auch im Polizeidienst. Der Beamte fuhr langsam an geparkten Autos vorbei und markierte mit Kreide die Autoreifen. Wenn er das nächste Mal vorbeifuhr, konnte er schnell feststellen, welche Autos inzwischen nicht bewegt worden waren. Die Servi-Car diente gelegentlich auch als Abschleppwagen. Die Hinterräder hatten eine Spurweite von 1,07 Meter, was das Fortkommen in tiefen Schlammrillen oder Schnee vereinfachte.

Die Einzylinder-Modelle mit 350 und 500 Kubik waren auch keine schlechten Neuheiten. Die demontierbaren Zylinderköpfe vom Ricardotyp waren wartungsfreundlich, wie auch die größeren Bremsen und Räder. Nach dem mißlungenen Anfang wurde auch die 1200 VL verbessert, wobei die Räder mit Schnellverschluß zu den technisch interessantesten Details gehören. Darüber hinaus rollte der Modelljahrgang 1932 mit den schönsten Tank-Lackierungen im Art-Deco-Stil vor, die je ein Motorrad geschmückt haben. Zusammen mit der niedrigen Sitzposition, die bald ein Kennzeichen für Harley werden sollte, gab das der Maschine den letzten Schliff.

Und das war dringend notwendig, die Zeiten wurden härter. Henry Ford überflutete den Markt mit billigen Autos, er hatte gewaltig auf Halde produziert (was ihm 1928 große Verluste bescherte). Harley bot seinen Käufern das Poli-

UNTEN:
Das Servi-Car war ursprünglich als Liefer- und Abschleppwagen für Werkstätten gedacht, fand aber schnell ein breites Betätigungsfeld.

OBEN UND ILINKS:
Dem Servi-Car war nach der Einführung 1932 ein langes Leben beschieden.
Das Exemplar oben wurde Mitte der Sechziger gebaut, die Polizeiversion links 1967. Dann hatte der Motor allerdings einen elektrischen Anlasser.

zeimodell VL direkt an und ließ die Händler aus dem Spiel. Die Preise im Behördengeschäft waren so knapp kalkuliert, daß sie die Herstellungskosten kaum deckten. Ein Händlerrabatt war beim besten Willen nicht mehr drin. Als die Zeiten noch härter wurden, gingen einige Händler zu Indian über (denen es um keinen Deut besser ging), andere gaben einfach auf. Indian und Harley-Davidson teilten sich den amerikanischen Markt etwa gleichmäßig auf, obwohl die Harley-Stückzahlen wegen des starken Exports insgesamt größer war. Das Unternehmen lebte von seinen Verkäufen nach Südamerika, Großbritannien, Japan und Skandinavien. Im Vergleich zu den goldenen Zwanzigern waren die Verkaufszahlen gering, aber sie reichten aus, um das Überleben zu sichern. Die Einzylinder wurden ab 1934 zu Hause noch nicht einmal mehr angeboten und gingen ausschließlich in den Export.

Man könnte behaupten, der Grundstein für die Marke, wie wir sie heute kennen, wurde 1936 gelegt. 1936 erschien ein seitengesteuerter 1300er (80 Kubikzoll), nur eine aufgebohrte VL 74, doch die eigentliche Neuheit bildete die 61E, die später als EL, F und FL bis 1947 im Programm stand: die »Knucklehead«, »Knöchelkopf« nach der Form der Ventildeckel. Wer auf dem Motorrad sitzt und rechts nach unten sieht, entdeckt zwei Ventildeckel, die aussehen wie geball-

RECHTS:
1936 war das erste Baujahr der 61E Knucklehead, die seitengesteuerte 74 blieb aber immer noch in Produktion. Tatsächlich besagten die Informationen an die Händler, daß die 61E ein Sondermodell in begrenzten Stückzahlen wäre.

OBEN RECHTS:
Ein Vergleich des Rahmens dieser 74 VL mit dem Doppelschleifenrahmen der Knucklehead auf Seite 80 zeigt die geraden Rohre des letzteren Modells. Mit der Zeit wurde der Tank kürzer und runder.

Harley-Davidson

74 VL Zweizylinder 1931

Motoren mit 74 Kubikzoll oder 1200 Kubik gab es seit 1922, aber 1930 wurde der seitengesteuerte Motor eingeführt. Das neue Modell hatte aber keinen guten Einstand und die Motoren mußten wegen mangelnder Leistung umkonstruiert werden.

Bezeichnungen	V, VL, VS (Gespann), VC (Lieferwagen)
Motor	Seitengesteuerter V-Zweizylinder
Bohrung x Hub	87 x 10,1 mm
Hubraum	1200 cm³
Federung	Springergabel
Reifen	4.00 x 27 Ballonreifen
Höchstgeschwindigkeit	ca. 130 km/h

RECHTS:
Dieses unhandliches Gerät aus den Dreißigern hat mit den moderneren Zeitgenossen nur wenig gemein.

te Fäuste – »Knuckle« bedeutet Handknöchel. Im Unterschied zum Vorgänger-Modell verfügte der neue Zweizylinder-V-Motor nur über eine Nockenwelle. Die Ventilbetätigung erfolgte über Stoßstangen in gespreizten Tunnelführungen; Vergaser und Einlaßkanäle befanden sich in der Mitte des »V«. Rechts vor dem vorderen Zylinder saßen sich die verstellbaren Unterbrecher und darunter die Lichtmaschine. Die Verlustschmierung wurde von einer Umlaufschmierung ersetzt. Die ständige Auf- und Abbewegung der Kolben erzeugte einen Unterdruck, der das Öl vom Ventilgehäuse zurück ins Kurbelgehäuse saugte. Eine technische Revolution war das nicht gerade, das neue System stellte außerdem hohe Anforderungen an die Motordichtungen, und dem wurden sie oft nicht gerecht: Dennoch konnte Harley eine wichtige technische Änderung vorweisen, und das war für die armen Händler ein wichtiges Verkaufsargument.

Der Motor hing in einem Doppelschleifenrahmen, der heute so selbstverständlich aussieht, daß man sich fragt, warum man den alten Fahrradrahmen nicht schon viel früher ausrangiert hatte. Später stellte sich auch der neue Rahmen als zu schwach heraus und mußte verstärkt werden. Darüber hinaus wurden die Ventile schnell undicht, für 1938 kamen größere Ventile mit

OBEN:
Im Werk an der Juneau Avenue entfiel etwa ein Viertel der Produktion 1936 auf die neue 61E.

LINKS:
Ein Knucklehead, jedoch mit modernerem Vergaser und Luftfilter von S&S.

VORHERIGE SEITE, UNTEN:
Die ungleiche Länge der Ventilstößel an der Knucklehead läßt das Modell leicht identifizieren. Die verstellbare Zündung befindet sich vor den Stößeltunneln am vorderen Zylinder.

Harley-Davidson

61E KNUCKLEHEAD 1936

Die Knucklehead wurde bis 1947 gebaut und war der Vorgänger aller späteren Dragstermotoren.

Bezeichnungen	E, EL, F, FL
Motor	Obengesteuerter V-Zweizylinder
Bohrung x Hub	84 x 89 mm
Hubraum	1000 cm^3
Federung	Springergabel
Leistung	60 PS
Höchstgeschwindigkeit	ca. 145 km/h

JOKER

OBEN:
Die Vorderradfederung einer Harley 45 der Dreißiger. Springergabeln wurden von 1907 bis 1949 eingesetzt.

RECHTS:
Ein ehemaliges Polizeimotorrad, ein 61EL von 1940. »Sentinels of Safety« nannte sie die Werbung, Wächter der Sicherheit. Die runden Fußbretter tauchten in diesem Baujahr erstmals auf.

größeren Ventildeckeln.

Und wie schnell war sie? Schnell genug, etwa 145 km/h Spitze. Viel wichtiger allerdings war die wunderschöne Optik, von den gerippten Zylindern zu den Fußbrettern, dem tropfenförmigen Tank und dem ölgedämpften Federsattel; nur eine Hinterradfederung stand noch aus. Die verbesserte EL-Version hatte eine höhere Verdichtung, was allerdings die Speedfreaks nicht allzulange zufriedenstellte. Aus der obengesteuerten 61 wurde 1941 die 74 F (FL und FS waren für Gespannbetrieb), während die alte seitengesteuerte 74 – die mittlerweile 80 Kubikzoll aufwies – als unökonomisch gestrichen wurde.

An dieser Stelle empfiehlt sich ein kurzer Moment der Besinnung, denn mit der Knucklehead betrat die Harley-Davidson schlechthin die Bühne: Sie prägte das Bild der Marke aus Milwaukee bis in die Jetztzeit. Der typische Öltank, der runde Benzintank, die Ventildeckel, die Sitzposition, sogar das neue Armaturenbrett auf dem Tank mit dem eingebauten Tacho – viel anders sieht eine Harley von 1995 auch nicht aus.

Das Motorrad war nicht billig, aber immerhin wurden genug davon verkauft, um die Werkzeugkosten einzuspielen. Im konservativen Geist des am 21. April 1937 verstorbenen Werkleiters und Vizepräsidenten William A. Davidson sollte auch in den nächsten fünf Jahren nichts Radikales passieren, die Maschine blieb im Prinzip unverändert. Die Nachfrage nach dem Krieg sorgte für stabile Absatzzahlen, für Markenenthusiasten ist die 61E heute wohl das begehrteste Modell, aber nicht billig. Es ist bezeichnend für die Harley-Davidson-Geschichte (und ein Beweis dafür, daß es zwischen damals und heute doch Unterschiede gibt), daß der Zylinder der Folge-Generation – in diesem Fall einer 1948er Panhead –

Blue Knights

UNTEN:
WLD 45 Werksrenner von 1939, mit Zylinderköpfen aus Aluminium.
Die DLDR wurde als Rennversion für das Class C-Racing in der amerikanischen Meisterschaft Ende der Dreißiger eingeführt, konnte aber nicht mit der Indian Scout mithalten.

auf eine Knucklehead paßt. Man benötigt zwar drei Panhead-Zylinder, und eins der Löcher in der Kopfdichtung wird nicht korrekt sitzen, doch daß es überhaupt möglich ist, belegt die Harley-spezifische, konstante Weiterentwicklung eines Motorkonzeptes über die Jahrzehnte hinweg. Eine ähnliche Operation zwischen verschiedenen Generationen und Baureihen späterer Marken und Modelle ist kaum vorstellbar. Man scheint die Harleys schon damals bewußt auf lange Lebensdauer und hohe Reparaturfreundlichkeit ausgelegt zu haben, vielleicht hat man sogar an eine spätere Restaurierung gedacht... Wie schwierig und undankbar ist es doch dagegen, ein Bigbike der späten Siebziger auf Vordermann zu bringen. Selbst die normale Reparatur einer alten Sechszylinder Honda CBX kann zu einem echten Drama werden, der große Motor scheint sich gegen jeden Eingriff zu wehren. Und wenn es um Elektronikboxen, Benzineinspritzung und Alufahrgestelle geht, vergessen wir's einfach. Der große Rennfahrer Joe Petrali (mehr über ihn später) und Hank Syvertsen aus der Harley-Rennabteilung standen hinter der Konstruktion der neuen 61E.

Joe Petrali holte 1937 eine 61E mit nach Daytona und stellte einen neuen Rekord für Vergasermotoren mit 220,16 km/h auf. Der Polizist Fred Hamm sorgte im gleichen Jahr für eine erstaunliche Leistung, als er auf dem Salzsee, wo heute der Luftwaffenstützpunkt Edwards liegt, eine Strecke von 2936 Kilometern in 24 Stunden zurücklegte, mit einem Durchschnitt von 122.3 km/h! Beeindruckend? Zweifellos, den bisherigen Rekord hielten vier französische Motorradpolizisten, Fred fuhr allein.

Es ist für Harley-Enthusiasten auch keine Überraschung, daß Harley–Davidson die japanische Motorradindustrie mitaufgebaut hat. Wie schon erwähnt wurde, war Japan schon in den

Zwanzigern ein wichtiger Exportmarkt. Die »H-D Motorcycle Sales Company of Japan« wurde schon 1924 unter der Leitung des begabten Verkäufers Alfred Rich Child gegründet. Im Zuge der Weltwirtschaftskrise 1929 kam die Verkaufsorganisation durch den schnellen Kollaps des Yen in arge Bedrängnis. Child gelang es, die Geschäftsführung in Milwaukee zum Abschluß eines Lizenzvertrages mit der Firma Sankyo zuzustimmen. Sankyo produzierte unter eigenem Firmennamen Harley–Davidson für den japanischen Markt. Child mußte sich dabei wohl den Mund fusselig geredet haben, doch weltweite Depression, der Zusammenbruch des internationalen Währungssystems ließen eigentlich keine andere Wahl. 1935 konnte das Werk in Shinagawa komplette Motorräder mit Teilen aus ausschließlich japanischer Fertigung nach den Original-Bauplänen herstellen, zuvor hatten immer noch amerikanische H-D-Teile Verwendung gefunden. Die

OBEN:
Zündspulen waren ein großes Problem, da die Kondensatoren dazu neigten, durchzubrennen. 1941 stellte das Werk die WLR mit feingetuntem Motor und Magnetzündung vor.

älteren seitengesteuerten Modelle, mit niedriger Verdichtung, aber besserem Durchzug, erhielten den Vorzug vor dem obengesteuerten Modell, das während einer 650 Kilometer langen Versuchsfahrt in den Händen von Childs Sohn Richard alle seine Kinderkrankheiten offenbart hatte. Als das Militär in Japan die Macht übernahm, wurde der Vertrag gekündigt, doch das seitengesteuerte Modell UL wurde – unauthorisiert – bis Kriegsende als »Rikuo« weitergebaut. Aus der ursprünglichen VL entstand nach Weisungen der japanischen Regierung die Type 97 Militärmodell, die in einer Auflage von beinahe 19.000 Stück produziert wurde, zumeist für den Gespannbetrieb. Die Episode kann hier nicht mehr als eine kuriose Randerscheinung in der Harley-Davidson-Geschichten darstellen, doch wären die verschiedenen Abmachungen und Verträge, die Handelsbeziehungen und die Lage für Harley-Davidson und seine japanischen Repräsentanten nach dem japanischen Überfall auf Pearl Harbor eigentlich ein eigenes Buch wert. Doch belassen wir es einfach bei der Feststellung, daß Harley-Davidson Honda, Kawasaki, Yamaha und Suzuki den Weg zeigte. Die ganze Wahrheit ist das natürlich nicht, die Geschichte wird aber dadurch weniger kompliziert.

***OBEN:* Der seitengesteuerte 45-Motor mit Zylinderköpfen aus Aluminium.**

***UNTEN:* Im Originalzustand: die 45 von 1934 im Besitz von Tom Payne.**

***NÄCHSTE SEITE:* Die Springergabel einer VL von 1940. Es geht nichts über Chrom...**

Kapitel 5

Frieden stiften

Das zweite Goldalter des Motorrads

GLAD

Während sich zehntausende von WLA 45 Richtung Berlin bewegten (aus Ost und West), sank die Produktion von zivilen Motorrädern auf ein Minimum, hauptsächlich wurden Polizeimotorräder gebaut. Nur diejenigen Zivilisten, die die Behörden überzeugen konnten, daß die Zuteilung einer Harley-Davidson an ihre Person für den Kriegsverlauf von höchster Bedeutung war, wurden bedient. Die Rennteilnahme wurde ebenfalls auf ein Minimum zurückgeschraubt, das Werk bemühte sich jedoch um organisierte Touren und überbrückte so die Zwischenzeit. Werksführungen, viele Jahre höchst beliebt, wurden schon vor dem Kriegseintritt der USA 1941 nicht mehr durchgeführt. Das Aluminium für die Kolbenherstellung war rar und und statt in Kanistern wurde das Öl – natürlich ein ebenfalls rationiertes Gut – in Gläser abgefüllt und verkauft. Das Blech wurde für die Rüstung benötigt. Auch das amerikanische Grundrecht – billiges und reichlich vorhandenes Benzin – wurde außer Kraft gesetzt und rationiert. Weil das Werk während des ganzen Krieges praktisch Überstunden machte, befand es sich am Kriegsende in keiner schlechten Lage. Außerdem hatte man vorgesorgt, und trotz des Rohstoffmangels konnten die heimgekehrten Sieger mit den neuen 1947er Modellen begrüßt werden. Dabei handelte es sich um modernisierte Versionen von 1941, die mit einem hydraulischen Stoßdämpfer, neuem Rücklicht und etwas mehr Chrom aufgepäppelt worden waren. Der Zubehörkatalog entpuppte sich als wahres Schatzkästlein, in dem zum ersten Mal schicke schwarze Lederjacken mit Reißverschluß am Ärmel auftauchten. Lederjacken dieses Stils werden ja bekanntlich auch heute noch millionenfach getragen, auch von Menschen, die noch nicht einmal auf dem Beifahrersitz eines Honda-Rollers, geschweige denn eines Motorrades saßen.

Ein ganz neues Modell kam ebenfalls: die S-125. Der kleine Zweitakter mit Dreiganggetriebe im Starrahmen basierte auf der DKW RT 125. Die Unterlagen waren Teil der Siegerbeute, die DKW Konstruktion wurde ebenfalls von den Engländern – BSA Bantam – und den Russen, und noch später von Yamaha, nachgebaut. Das Modell erhielt später eine Telegabel, die Tele-Glide, wuchs im Hubraum und mutierte in den Sechzigern zum »Hummer«. Die noch später folgende »Super Ten« mit 165 Kubik zeichnete das Ende des ersten Flirts mit den kleineren Hubraumkategorien. Hier fühlte sich Harley-Davidson nie wohl und erst in der AMF-Ära wurden auch kleinere Motorräder als Harley-Davidson vermarktet. Trotzdem sollte man die DKW-Harley nicht unterbewerten, da das Werk mehr als 100.000 Einheiten davon verkaufte.

1948 stellte Harley-Davidson einen neuen Verkaufsrekord auf. Erst der Umzug in die neuen, fast 250.000 Quadratmeter großen Werksanlagen am Capitol Drive machten sie möglich. Die 1000er und die 1200er bekamen Aluzylinderköpfe und hydraulische Ventilstößel. Solche gab es bereits in den Hochleistungsmotoren von Alfa Romeo, andere Hersteller wie GM folgten diesem Beispiel, aber erst ein Jahr später als Harley. Die neuen verchromten Ventildeckel gaben der neuen Baureihe den Spitznamen »Panhead«, Bratpfanne. Der neue Ventildeckel war mit einem Metallring und Schrauben befestigt, abmontiert sah er mit ein wenig Phantasie fast wie eine Bratpfanne aus, ein Vergleich, der sich vielleicht eher nachvollziehen läßt als der frühere »Knucklehead«. Die neuen Zylinderköpfe schufen endlich Abhilfe in punkto Schmierung und Ölverbrauch, die Ölpumpe war größer dimensioniert und die Ölkanäle nach innen verlegt. Und das funktionierte. Fußkupplung und Handschaltung waren jedoch immer noch standard.

1949 kam die nächste wichtige Modifikation, nämlich die Telegabel. Die bewährte Springergabel von Bill Harley, die so lange ihren Dienst getan hatte und zu ihrer Zeit eine sehr gute Konstruktion darstellte, ging endlich in Rente. Die neue Gabel war gleich so neu, daß sie dem Motorrad auch gleich den Modellnamen gab: Hydra-Glide. Bis dahin trugen sämtliche Modelle nur eine Zahlen-/Buchstaben-Kombination, eventuell noch einen Spitznamen, ab jetzt führte Harley Modellbezeichnungen ein.

VORHERIGE SEITE:
Ein Einzylinder-Zweitakter der späten Fünziger, die Harley-Davidson M-165. In den nächsten drei Jahrzehnten versuchte sich das Werk immer wieder auf dem Markt für kleinere Motorräder, aber die großen V-Twin dominierten.

RECHTS:
Eine Custom-Panhead FLH 74 von 1956. Die Ventildeckel, festgehalten von einem Metallring und Schrauben, sorgten für den Spitznamen. Für 1955 erhielt die Kurbelwelle kräftigere Hauptlager.

Harley-Davidson
MOTOR
HARLEY-DAVIDSON
CYCLES
MADE IN U.S.A.
WAGNER

Harley-Davidson

S-125 1947

Harley-Davidsons erstes ganz neues Nachkriegsmodell basierte auf der DKW RT 125.
Die amerikanische Öffentlichkeit staunte nicht schlecht, als Milwaukee diesen Hubraum-Floh präsentierte.

Bezeichnung	M-125, S, ST
Motor	Einzylinder Zweitakter
Bohrung x Hub	50,1 x 54 mm
Hubraum	124,5 cm^3
Verdichtung	6,6 : 1
Leistung	3 PS
Höchstgeschwindigkeit	80 km/h

Die Hydra-Glide war ein mächtiges Gerät mit 5.00-Reifen, Starrahmen und üppigen, man könnte fast sagen Indian-ähnlichen Schutzblechen. Die verchromte Telegabel verstärkte den gewaltigen Eindruck. Die Maschine war nicht einfach über Nacht entstanden, bereits vor dem Krieg liefen erste Prototypen im Versuch. Der gummigelagerte Lenker und ein dick gepolsterter Sattel erhöhten den Fahrkomfort. Auch der allgemeine Rostschutz wurde verbessert. Passend für 1950, den Anfang des amerikanischen Jahrzehnts, kamen zehn weitere Pferdestärken dazu. Wenn die Fünziger als das Jahrzehnt Amerikas galten, so

Harley-Davidson

Model B Hummer 1959

Die Weiterentwicklung des DKW-Vorbilds führte bald zu mehr für H-D typischen Versionen und später zu den neuen Aermacchi/Harley-Davidson Leichtgewichtlern.

Bezeichnungen	Keine
Motor	Einzylinder Zweitakter
Bohrung x Hub	50,1 x 54 mm
Hubraum	124,5 cm^3
Verdichtung	6,6 : 1
Leistung	3 PS
Höchstgeschwindigkeit	95 km/h

OBEN LINKS:
Eine 125er Harley-Davidson auf einer Ausstellung in Brüssel 1950.
Die Bedeutung der kleineren Harley-Davidson für gewisse Märkte kann nicht genug betont werden.

OBEN:
Diese seitengesteuerte 45 WL von 1946 wurde vom Besitzer Phil Argersinger liebevoll restauriert.

LINKS:
Die 125 Hummer, zwischen 1947 und 1953 gebaut, wog etwa 85 kg und kam mit einem Liter Benzin etwa 40 Kilometer weit.

OBEN und GEGENÜBER: ***Die Panhead Hydra-Glide von 1949. Die obengesteuerten Motoren der 61 und 74 hatten hydraulische Ventilstößel und Aluzylinderköpfe. Die Maschinen der nächsten 20 Jahre gingen allesamt auf die Panhead zurück.***

war es doch nicht der Höhepunkt in der Geschichte von Harley-Davidson. Trotzdem sind gerade die Motorräder dieser Periode höchst beliebt, nicht zuletzt auch deshalb, weil sie für etwas stehen: für die fünfziger Jahre, für einen gewissen Optimismus, für Freiheit, Individualismus und Größe. Trotz den harten Prüfungen, die das Unternehmen später ausstehen mußte, blieb dieses Image haften. Die Liebe zu Harley Davidson-Motorrädern wurzelt bis heute in der amerikanischen Nachkriegskultur.

Die FL Panhead bildete die Basis für der Produktion der nächsten 20 Jahre, und in den ersten Jahren wurde die Konstruktion ständig verbessert. 1951 lieferte der Motor 55 PS, 1952 kam eine Fußschaltung, gleichzeitig mit der Einführung 45 K, einer 750er. Die KH mit 900 Kubik folgte 1953 und fiel zusammen mit einem denkwürdigen Jubiläum: »50 years – American made«. Harley-Davidson feierte dies mit ganz besonderem Zubehör, unter anderem einem Kompressorsignalhorn.

Zwei Jahre zuvor hatte das Unternehmen erfolglos versucht, in Washington höhere Zolltarife für importierte Motorräder durchzusetzen. Die britische Invasion war jetzt in vollem Gange. Die K-Modelle mit ihrem Vierganggetriebe waren zwar technisch vielversprechend, konnten aber gegen die englische Parallel-Twins nichts ausrichten. Harley suchte sich andere Produktgebiete, baute Rasenmäher, Roller und andere eher irrelevante Geräte. 1949 wurden 24.000 Motorräder verkauft, 1955 nur 9500 Einheiten. Gewinne wurden immer noch verbucht, doch die stammten eher aus dem allgemeinen Aufschwung, den die ganze Industrie erfaßt hatte, als aus einer guten Vermarktung der Marke.

Die treue 61 verschwand zugunsten der 74 ganz aus dem Programm.

»Wie kommt Elvis auf die Titelseite des *Enthusiast?* Ganz einfach: Er ist ein Harley-Davidson Fahrer...und fährt zur Zeit eine rot/weiße KH

Harley-Davidson

74 FL Hydra-Glide 1952

Die Hydra-Glide war die erste Harley, die einen Modellnamen statt einer Bezeichnung aus Nummern oder Buchstaben trug. Zusammen mit dieser Neuerung wurde 1949 auch die Telegabel eingeführt. Aus der Hydra-Glide wurde mit einem verbesserten Panhead-Motor die Duo-Glide 1958 und die Electra-Glide 1965.

Bezeichnung	Keine
Motor	ohv V-Zweizylinder
Bohrung x Hub	87 x 100 mm
Hubraum	1200 cm³
Federung	Telegabel
Leistung	55 PS
Höchstgeschwindigkeit	160 km/h (angegeben)

HARLEY
DAVIDSON

LINKS:
Das wunderschöne Exemplar einer FL Panhead von 1948, im Besitz der Firma Essex Motorsports in Chester, Connecticut. Im selben Jahr ging die neue Werksanlage am Capitol Drive in Betrieb. Das Jahr war ein Wendepunkt in der Firmengeschichte, doch der neue Motor, die neuen Ausstattungsalternativen und das neue Werk zeugten von Selbstvertrauen.

Unten:
In vieler Hinsicht war die Model K der Vorgänger der Sportster: Kupplung links, Fußschaltung rechts, Telegabel und Hinterradschwinge.

von 1956, sein absoluter Favorit.« Wie wichtig PR war, hatte man in Milwaukee nicht vergessen. Was fehlte, waren die Produkte um Marken wie AJS, Matchless, Norton und Triumph herauszufordern. Mit dem gleichen Problem hatte auch Indian zu kämpfen. Die fragilen Indian Arrow und Scout, beides Parallel-Zweizylinder europäischer Art, markierten 1953 das endgültige Ende des einzig verbliebenen einheimischen Harley Konkurrenten. Ironischerweise war die Indian Chief, der große V Twin, nie besser als zu der Zeit, als die Produktion eingestellt wurde. Doch die anstürmenden Mittelgewichtler aus Europa überfluteten inzwischen auch Amerikas letzten Winkel.

Wieso konnte die neue K-Reihe nie den ausländischen Konkurrenten das Wasser reichen? Es läßt sich leicht behaupten, daß das Werk nach dem Krieg zu lange gezögert habe, in neue Konstruktionen zu investieren. Genau dieser vererbte Konservatismus des Unternehmens, mit seinen starken Familienbeziehungen, hatte es durch die Minenfelder der Depression geführt. Und ist es nicht so, daß die Hartnäckigkeit, mit der am Zweizylinder festgehalten wurde, die Marke vielleicht doch vor dem gleichen Schicksal wie Indian bewahrt hat? Keiner konnte schließlich wissen, daß sich der Markt am Ende des Jahrzehntes um das Zehnfache vergrößern sollte. Einer der Vorteile, mit dem die englische Industrie antrat, war die billige Arbeitskraft. Harley-Davidson dagegen mußte sich ständig mit der Gewerkschaft, den United Auto Workers, herumschla-

Harley-Davidson

Model K 1952

Mangelnde Leistung führte zu einem größeren Motor mit 900 Kubik, aber die Produktion wurde trotzdem 1956 eingestellt.

Bezeichnungen	Keine
Motor	Seitengesteuerter V-Twin
Bohrung x Hub	70 x 84 mm
Hubraum	750 cm³
Federung	Telegabel vorn, Schwinge hinten
Leistung	30 PS
Höchstgeschwindigkeit	130 km/h

LINKS:
Die K wurde auf 55, oder eher 54 Kubikzoll (885 cm³) aufgebohrt. Dieses Modell hatte eine höhere Leistung, größere Ventile und eine neue Kupplung.

UNTEN:
Die Bohrung mit 70 mm blieb unverändert, der Hub wuchs auf 107 mm. Die Blockkonstruktion mit Motor und Getriebe in einem Gehäuse war für Harley-Davidson ein Novum.

OBEN:
Fünfzig Jahre liegen zwischen den beiden Motorrädern – 1902 bis 1952 – und eine neue Generation Geschäftsführer. Von links nach rechts: John Harley, Produktionsleiter; Walter C. Davidson, Sekretär; William H. Davidson, Präsident; Gordon Davidson, Vizepräsident; William J. Harley, Schatzmeister und Chefkonstrukteur.

gen, was dazu führte, daß es in den Fünfzigern und Sechzigern ständig zu Produktionsausfällen kam. Tarifverträge und Gehaltsverhandlungen mögen zwar die größte Erfindung seit dem Verbrennungsmotor sein, aber die Harley-Geschäftsführung sah es zu der Zeit sicherlich anders. Auf jeden Fall waren die Rollen nicht gleichmäßig verteilt.

Einen Aspekt der Harley-Geschichte können wir hier nicht umgehen: 1954 erschien der Film The Wild One mit Marlon Brando (wie jeder weißt auf einer neuen glänzenden Triumph Speed Twin), Lee Marvin und Mary Murphy. Die Handlung basierte vage auf einem Ereignis in der Kleinstadt Hollister, als sich 1947 einige Biker mit nervösen Einwohnern anlegten. Der Zwischenfall eskalierte, nach einigen Stunden rückte schließlich die geballte Staatsmacht in Form von 500 Polizisten an. Für die Presse, allen voran das amerikanische Renommier-Magazin Life war das ein gefundenes Fressen, die Nation hatte ihre »bösen Buben«. Wie gesagt, 1954 bemächtigte sich Hollywood des Themas und drehte den ersten Biker-Film. Ein schlechtes Image war das letzte, was Harley-Davidson brauchen konnte (auch wenn Brando Triumph fuhr) und bemühte sich, durch sein Engagement in der Branchen- und Sportorganisation AMA als Saubermann dazustehen. Der von Harley propagierte Full-Dress-Look war Ausdruck dieser konservativen Ausrichtung. Das Werk begrüßte die neue Chopperwelle ganz und gar nicht. Es gibt jedoch ein ungeschriebenes Gesetz, nach dem, sollte das Werk nackte Produkte liefern, ein Käufer unweigerloch Zubehör dranschrauben muß. Umgekehrt werden voll ausgestattete Motorräder mit großen Benzintanks und Vollverkleidungen immer gestrippt. Das scheint in der Natur der Motorradfahrer zu liegen, und Harley-Davidson-Motorräder waren schon damals mehr als nur Transportmittel. Sie waren inzwischen eher Ausdruck einer Lebensphilosophie. Motorradfahren war laut, schmutzig und gefährlich, und weil auch eine Harley-Davidson ein Motorrad war (und die verpönten Outlaws ausnehmend gern Harley fuhren) hatte die Geschäftsführung in Milwaukee bald massive Imageprobleme. In den Siebzigern machte das Werk aus der Not eine Tugend und veröffentlichte eine Serie von Anzeigen mit Hell's Angels und ähnlichen Charaktern nach dem Motto: »Würden Sie diesen gefährlichen Typen mittelmäßige Produkte andrehen?«. Es war wohl nur zu erwarten, daß heftige Reaktionen aus mehreren Richtungen folgten. Ohne gesetzestreuen Harleyfahrern oder den Mitgliedern der verschiedenen Hell's Angels-Chapters nahe treten zu wollen: Ist es eigentlich nicht doppelt komisch, daß eines der ältesten und konservativsten Werke der amerikanischen Industrie eine so enge Verbindung mit einer Gruppe von Pseudoanarchisten suchte?

In den Fünfzigern nahm das Werk eine Eintei-

LINKS:
Ist ja ein freies Land...

UNTEN:
Der Film THE WILD ONE unter der Regie von Laslo Benedek, produziert von Stanley Kramer, erschien 1953. Der Film hatte in Wirklichkeit mehrere Titel, CYCLIST RAID und HOT BLOOD. Wie jeder weiß, fuhr nicht Marlon Brando im Film die Harley, sondern der Bösewicht Lee Marvin.

Harley-Davidson

Sportster XL 1957

Die Baureihe in der Harley-Geschichte, die am längsten gebaut wurde und wird, begann 1957 mit der XL an.

Bezeichnungen	XL, XLH, XLHC
Motor	ohv V-Zweizylinder
Bohrung x Hub	76 x 97 mm
Hubraum	883 cm^3
Federung	Telegabel, Schwinge
Leistung	40 PS
Höchstgeschwindigkeit	145 km/h (angegeben)

lung der Produktpalette vor, die bis heute Bestand hat, wobei es jedoch einige Modellvarianten gab, die sehr nahe beieinander lagen und sich zum Verwechseln ähnlich sahen. Seit damals gliedert sich das Programm in die »Glide«-Serie und die »Sportster«-Reihe, in Tourer und Sportler. 1957 kam die obengesteuerte 883 Sportster. Selbstverständlich hatte sie die Telegabel der Glide, erhielt aber eine höhere Verdichtung nach dem ersten Baujahr. Der Blockmotor mit 76 Millimeter Bohrung und 97 Millimeter Hub lieferte 40 PS und ganz anständige Zeiten auf die Quarter-Mile. Im Grunde hatte H-D nichts weiter getan, als die KH weiterzuentwickeln und den Motor auf hängende Ventile umzubauen. Die größere Bohrung brachte ein Mehr an Leistung, der kürzere Hub sorgte für höhere Drehzahlen, was gleichfalls mehr Leistung zeitigte. Der Motor erhielt die Bezeichnung XL, wobei das »X« die Fortsetzung der seitengesteuerten Baureihen U und V andeutete.

Die XLH – H für die höhere Verdichtung von 9:1 – folgte 1958, später von der XLHC gefolgt. Die XLHC war eigentlich eine normale Sportster, wie sie bislang von kalifornischen Händlern für ihre Kunden umgebaut wurden, jetzt aber auch direkt ab Werk bezogen werden konnte. Die XLHC hatte einen kleineren Tank – der der XLH faßte 4,4 Gallonen –, Alu- statt Stahlfelgen, Magnetzündung statt der Spule und eine niedrigere Übersetzung. Exakte Angaben gibt es nicht, da die Auswahl an Zubehör und Umbauten sehr groß war. Es besteht aber kein Zweifel, daß die XLCH ein völlig neues Kapitel in der Harley-Davidson-Geschichte schrieb.

MOTOR
HARLEY-DAVIDSON
CYCLES

SPORTY

VORHERIGE SEITEN:
Die gewonnenen Erfahrungen mit der KH verschafften der Sportster zu einem guten Start ins Leben. Und es wurde danach immer besser. Diese verchromte Schönheit sonnt sich in Daytona Beach.

GEGENÜBER und UNTEN:
Die Sportster wie auch die größeren Modelle von Harley-Davidson waren immer beliebte Ausgangspunkte für allerlei Modifikationen.

LINKS:
Die XLH Sportster, 1958 eingeführt, hatte eine höhere Verdichtung.

Mit 883 Kubik landete die Sportster (schon der Name hatte Stil, genauso wie »Black Shadow« von Vincent oder Nortons »Commando«) in der Versicherungsklasse unter 900 Kubik. Die ursprüngliche Verdichtung von 7,5:1 war für einen obengesteuerten Motor sehr vorsichtig gewählt, die späteren 9:1 stellten die Konstruktion vor keinerlei Probleme. Die Alukolben waren dachförmig ausgeformt, die Brennräume hemisphärisch. Die Kipphebelachsen saßen in neuen Ventilgehäusen, auch die Stoßstangen bestanden aus Alu. Man kann sich kaum ein besseres Gerät vorstellen, wenn es darum geht, patriotische junge Menschen in die Armut zu treiben. Die ursprüngliche Geländeausführung mit Crossreifen und schweren Federbeinen verschwand sehr schnell wieder, da die meisten Besitzer ihre Motorräder sowieso nur auf Asphalt benutzten. Einige beteiligten sich sogar an Dragrennen. Nicht nur die Sportster wurde für diese neuen Disziplinen eingesetzt. Mike Tucker nahm eine FLH, baute unnötige Teile ab und trimmte den Motor hin zu erstaunlichen Beschleunigungswerten. Andere wie Bob George setzten einen zweiten Motor dazu. Es ist nicht schwer, eine Verbindung zwischen diesen Dragmaschinen und den aufkommenden Choppern zu ziehen.

Gut, noch behielten die Motorräder von Triumph und Norton die Oberhand, nicht zuletzt dank ihres besseren Fahrwerks, aber auf den langen, leeren Geraden im Südwesten der Vereinigten Staaten konnten sie die Sportster weder im Durchzug noch in der Höchstgeschwindigkeit schlagen. Wir greifen jetzt etwas den Ereignissen voraus und erwähnen bei dieser Gelegenheit,

HARLEY

VORHERIGE SEITE:
Das Styling der Fünfziger bestimmt heute noch die Optik aller modernen H-D-Produkte. Hier eine Panhead California Custom mit »Apehanger«-Lenker und Handschaltung.

daß die XLH 1965 ein 12-Volt-System anstelle der bisherigen 6-Volt-Anlage erhielt und 1969 die Magnetzündung der XLCH zugunsten einer Batteriezündung aufgegeben wurden.

Wenden wir uns nun den Glide zu. 1958 mutierte die Hydra-Glide zur Duo-Glide, der Starrahmen gehörte jetzt endgültig der Vergangenheit an (die Starrahmen-Optik feierte allerdings drei Jahrzehnte später eine Renaissance). Zwei Jahre zuvor hatte die Panhead andere Nockenwellen erhalten, die für einen spürbaren Leistungszuwachs sorgten.

Zum Ausklang des Jahrzehnts erschienen die FL und FLH – jetzt mit größeren Kühlrippen – mit ausgesucht schönen Tankdekoren in Silber, Gold und Schwarz. Die britischen Hersteller soll-

ten erst im folgenden Jahrzehnt die Spitzengeschwindigkeit der Sportster übertreffen, aber zu der Zeit spielten die Engländer schon fast keine Rolle mehr. Jetzt waren die Japaner am Drücker, gegen Kawasakis Zweitakt-Dreizylinder und die Honda-Vierzylinder war kein Kraut gewachsen. Die erste Vorhut aus Fernost tauchte 1959 in den USA auf: die Honda 50 »Super Cub«, eine Maschine in Mofa Optik, die am amerikanischen Markt völlig vorbeikonzipiert zu sein schien. Trotzdem schlossen die USA (und der Rest der Welt) die kleine Maschine in ihr Herz: »You meet the nicest people on a Honda«, die nettesten Leute fahren Honda. Daß es so viele nette Leute gab, konnte damals wirklich niemand ahnen.

OBEN:
FLH Duo-Glide von 1959. Nicht alle waren überzeugt von der Notwendigkeit, beiden Fahrzeugenden abzufedern.

DUO-GLIDE
HARLEY-DAVIDSON

Kapitel 6

Viva Italia

Die sechziger Jahre

VORHERIGE SEITE:
Ihre Zuverlässigkeit und Robustheit machten die Duo-Glide zum idealen Einsatzfahrzeug für die Polizei, wie diese Panhead von 1960 zeigt.

RECHTS:
Harley-Davidsons erster und letzter Versuch auf dem Rollermarkt litt unter allgemein rückläufigen Verkaufszahlen auf einem Markt, den sowieso die Italiener beherrschten

Motorräder in den kleinsten und mittleren Klassen blieben für Harley-Davidson immer ein Problem. Als die Japaner auf den Markt drängten und vor allem sehr professionelle Werbung für ihre Produkte trieben, wurde das Problem immer größer. 1960 stellte Harley-Davidson seinen ersten (und letzten) Roller vor, den »Topper«. »Tops unter den Weihnachtsbaum, weil er tops in Leistung und Optik ist«, hieß es in der Werbung. In der ziemlich uneleganten Fiberglasschale hauste ein Einzylinder-Zweitaktmotor mit 250 Kubik und Automatikgetriebe. Leider kam der Topper am Ende der Rollerwelle, blieb hinter den Erwartungen zurück und wurde berits 1964 wieder aus dem Programm genommen. Der Roller war bestimmt nicht die richtige Erweiterung der Modellpalette. Vielleicht konnten aber die dringenden Probleme einer italienischen Gesellschaft beiden Parteien zum Vorteil gereichen.

Aeronautica Macchi SpA – Aermacchi – gehörte zu Italiens größten Kampfflugzeug-Herstellern. Nach dem Zweiten Weltkrieg mußte sich das Unternehmen zunächst mit Schiffen und Motorrädern beschäftigen. Nach einem vorsichtigen Anfang im Zweiradgeschäft gingen die rennerprobte 250 Chimera, später die 175 Ala Rossa und 250 Ala Verde in Produktion. Ende der Fünfziger konnte man wieder in die Luftfahrzeugproduktion einsteigen und stand kurz vor dem Vertragsabschluß mit Lockheed. Doch davor mußte Aermacchi die aeronautische Seite von der Motorradproduktion trennen. Da trat Harley-Davidson auf die Bühne, hungrig nach neuen Kleinmaschinen die die veraltete Hummer ersetzen konnten.

Beide Partner gründeten eine gemeinsame Aktiengesellschaft, an der sie jeweils zur Hälfte beteiligt waren. Erstes Modell war die Ala Verde, die als Sprint für den amerikanischen Markt produziert wurde. Der Viertakt-Single mit 250 Kubik – ab 1962 in der H-Version für Wettbewerbe – verkaufte sich gut, trotz der Konkurrenz von Honda. Das Verhältnis von Bohrung zu Hub betrug 66 x 72 mm, was einen Hubraum von 246,2 Kubik ergab. Daß das Motorrad so gut lief, obwohl es bis auf den Motor aus Komponenten nicht immer zuverlässiger italienischer Zulieferer bestand, war um so erstaunlicher.

Die Verdichtung der normalen Sprint betrug 8,5:1 und wurde für die H Sprint auf 9,2:1 erhöht. Die kurzen Schutzbleche und der hochgelegte Auspuff des H-Modells verliehen dem Motorrad die richtige Optik und das Sportmodell verkaufte sich viel besser als die Standardversion. Die Optik konnte sich auch im Vergleich zu den Japanern sehen lassen, auch wenn die elektrische Anlage etwas zu wünschen übrig ließ. Die H hieß ab 1965 offiziell Scrambler und lieferte nun dank eines 27 mm Dell'Orto Vergasers und einer höheren Verdichtung 35 PS. 1966 wurde die Bohrung vergrößert, diese SS 350 stand bis 1969 im Programm. Die spätere Version mit neuem Motor hieß 1972 SX. Eine so lange Produktionsgeschichte deutet auf eine gute Zusammenarbeit und großen Erfolg hin, und als Beleg muß dazu noch nicht einmal die M 50/M-65 Shortster, die Baja von 1970 oder die Rapido erwähnt werden: Die Italo-Amerikaner kamen auf einen beachtlichen Marktanteil. Richtig Geld wurde damit trotzdem nicht verdient.

Die Zahlen der Sprint beispielsweise waren gut, aber nicht hervorragend, nicht zuletzt deswegen, weil viele H-D-Händler lieber die profitableren V-Twins verkauften. An günstigen Einstiegsmodellen ist nun mal weniger verdient als an größeren und von Natur aus teuereren Modellen. Daß nicht noch mehr verkauft werden konnte, lag zum Teil sicher auch an der Verarbeitung, die nicht immer mit der japanischen Konkurrenz mithalten konnte. Und im Preis/Leistungsverhältnis hatten die Japaner einfach mehr zu bieten. Das M50 Moped, 1964 eingeführt, hatte beispielsweise nur drei Gänge, obwohl ent-

27
HARLEY

LINKS:
Die Sprint, hier in einer reinrassigen Rennausführung, war das erste Produkt aus der Zusammenarbeit von Harley-Davidson und Aermacchi. Die ursprüngliche Ala Verde (so hieß sie in Italien) verkaufte sich im Schatten von Honda und den anderen Japanern recht gut, obwohl die Ersatzteilversorgung nicht klappte.

Harley-Davidson

Sprint C 1962

Die erste Aermacchi/Harley-Davidson kam 1961. 1969 wuchs der Motor auf 350 Kubik; die Modelle SS 350 und SX 350 überlebten bis in die Siebziger.

Bezeichnungen	C, H, SS. SX
Motor	Viertakt Einzylinder
Bohrung x Hub	66 x 72 mm
Hubraum	250 cm^3
Federung	Telegabel, Schwinge
Leistung	18 PS (Straßenversion)
Höchstgeschwindigkeit	120 km/h

OBEN:
Die Aermacchi 250 Chimera war nicht erfolgreich, wie die meisten zukunftsweisenden Motorräder mit Vollverkleidung Ende der Fünfziger. Heute sind sie ein begehrtes Sammlerobjekt.

Harley-Davidson

Topper Roller 1960

Harley-Davidsons erster und einziger Versuch auf dem Rollermarkt überlebte nur vier Jahre: 1964 kam das Aus für das merkwürdige Vehikel.

Bezeichnungen	60-A, 60-AU
Motor	Einzylinder Zweitakter
Bohrung x Hub	60 x 58 mm
Hubraum	250 cm^3
Leistung	5 oder 9 PS je nach Modell

OBEN:
Ein mutiger Versuch, doch fehlten der Topper jedoch die Linien und das Design der europäischen Konkurrenten.

OBEN:
Die Sprint mit liegendem Einzylinder-Viertaktmotor war eine willkommene Bereicherung des Harley-Davidson-Programms und verbreiterte das Angebot in den kleineren Kategorien.

sprechende Modelle aus Japan schon fünf aufwiesen. 1960 wagte H-D mit Aermacchi den Einstieg in den Grand-Prix-Rennsport: In diesem Jahrzehnt war jedoch gegen die Japaner, die im ganz großen Stil einstiegen, kein Durchkommen. Trotzdem war Harley-Davidson mit dem italienischen Geschäftspartner zufrieden und die Zusammenarbeit lief auch unter AMF weiter bis 1978. 1974 war das beste Jahr, mit 45.000 Motorrädern wurde in Varese (wo die italienischen Harleys entstanden) ein neuer Produktionsrekord aufgestellt.

Harley-Davidson selbst sorgte in den Sechzigern für Zuwachs in der Leichtgewichtpalette. 1962 erschien die in den USA konstruierte 175 cm3 Cat, für all diejenigen Käufer, die sich nicht auf die 250 und 350 Sprint trauten. Die Modellfamilie Bobcat/Pace/Ranger/Scat basierte auf den gleichen Bauteilen, war aber jeweils für unterschiedliche Zielgruppen ausgelegt. Die Pacer war ein Straßenmotorrad mit tiefgelegtem Auspuff. Die Ranger, nur 1962 erhältlich, kam als reinrassige Offroad-Maschine daher, mit 18-Zoll-Rädern, aber ohne Beleuchtung. Die Scat war als On/Offroad Modell ausgelegt, ein Vorgänger der späteren Trail Bikes der Siebziger. Die Hinterradfederung bestand aus zwei Federn, die unter dem Motor aufgehängt waren. 1966 versuchte H-D die Optik mit Hilfe eines Kunststofftanks und entsprechenden Schutzblechen zu verändern. Als sich die Modelle von Aermacchi etabliert hatten, verlor die Bobcat-Familie ihre Daseinsberechtigung und gehörte bald der Vergangenheit an.

Zurück zu den Großen. Ein Markstein in der Firmengeschichte ist das Jahr 1962: Dann nämlich trat als neuer Designchef William G. Davidson, Sohn von William H., in die Firma ein. »Willie G.« sollte den Motorrädern seinen Stempel aufdrücken, bis auf den heutigen Tagen. Eine seiner ersten Maßnahmen war es, das altbekannte Tankemblem durch ein neues zu ersetzen, teilweise auch, um den Einstieg des Unternehmens

Harley-Davidson

Bobcat 175 1966

Die Bobcat war Mitglied einer Baureihe, die daneben auch die Ranger, Pacer und Scat (alle mit 175 Kubik-Motor) umfaßte und zwischen 1962 und 1966 erhältlich war.

Bezeichnungen	Keine
Motor	Einzylinder Zweitakter
Bohrung x Hub	60 x 61 mm
Hubraum	175 cm^3
Federung	Telegabel, Schwinge
Leistung	Unbekannt
Höchstgeschwindigkeit	100 km/h

OBEN:
In den frühen Sechzigern produzierte Harley-Davidson viele Zubehörteile, die den Fans ermöglichten, ihre Motorräder je nach Geschmack zu gestalten.

RECHTS:
Um die Erweiterungen in andere Geschäftsbereiche zu unterstreichen, wurde das alte Emblem gegen ein neues ausgewechselt. Hier die neuen, langgezogenen Dreiecke.

GEGENÜBER:
Motorräder wie die Duo-Glide halfen der amerikanischen Marke, sich gegen die britischen Rivalen wie Triumph zu erwehren. Die Japaner sollten erste Ende der Sechziger zur Gefahr werden.

in das Golfcart-Business zu markieren. Das alte Emblem stammte ja noch aus den Anfangsjahren, verschwand aber auch nach 1962 nie ganz, prangte auf diversem Zubehör und hier und dort auch auf Motorrädern. Im Zuge der Nostalgiewelle der späten Achtziger sollte es wieder topaktuell werden. Technischerseits sind 1963 ein Flossen-Schalldämpfer sowie bessere Bremsen zu vermelden, Duo-Glide-Käufer haben es freudig vermerkt. Vielleicht gefielen ihnen auch die neuen Packtaschen aus Kunststoff, die es nun als Zubehör gab. Sie waren vielleicht nicht jedermanns Sache, kamen aber ins Programm, offensichtlich weil das Werk Anteile an der Tomahwak Boat Company, einem kunststoffverarbeitenden Betrieb erworben hatte. Mit Golfcarts und Lieferwagen, die unter dem H-D-Label bei Tomahawk entstanden, verdiente das Unternehmen in Milwaukee richtig Geld. Ein wenig davon floß in die Weiterentwicklung der bestehenden Modelle. Die größte technische Neuerung, die zu einer Namensänderung wie seinerzeit bei der Hydra-Glide 1949 führte, war der elektrische Anlasser. Er machte 1965 aus der Duo-Glide die Electra-Glide (der Bindestrich verschwand erst später).

Ein 12-Volt-System und Start per Knopfdruck! Was konnte sich ein Käufer mehr wünschen? Wie bitte, eine gekapselte und abgedichtete

TRIUMPH

Harley-Davidson

74 FLH 1966

1966 war das erste Baujahr des neuen Shovelhead-Motors. Er brachte mehr Leistung als die Panhead, ein Punkt, der immer wichtiger wurde, je mehr Tourenzubehör das Werk lieferte.

Bezeichnungen	FL, FLH
Motor	ohv V-Zweizylinder
Bohrung x Hub	87 x 100 mm
Hubraum	1200 cm³
Federung	Telegabel, Schwinge
Leistung	53 PS (FL), 60 PS (FLH)
Höchstgeschwindigkeit	145 km/h

Primärkette? Na gut, da waren wir vielleicht etwas spät dran, wie auch mit dem Anlasser, den andere Hersteller schon früher hatten. Jetzt ist aber alles da.

Die FLH 74 mit allem Highway-Zubehör war das größte Motorrad auf dem Markt, aber genau das sorgte doch für Probleme.

Der alte Panhead-Motor zeigte sich plötzlich überfordert, da mußte dringend etwas geschehen. Auch da fiel H-D noch etwas ein: 1966 erschien der Shovelhead-Motor. Jetzt saß der Ventiltrieb direkt im Zylinderkopf, die Ventildeckel erinnerten an Schaufeln, was dem Motor zu seinem Spitznamen verhalf. Ohnehin ein toller Name für einen großen Motor. Das zusätzliche Gewicht der größeren Batterie und das des Anlassers glichen allerdings die erhöhte Motorleistung wieder aus. Wie immer bei H-D, war die Konstruktion nicht ganz neu und verwendete viele Bauteile der alten Panhead.

Die neue Nockenwelle und ein neuer Vergaser führten auch bei der Sportster im gleichen Jahr zu einer beachtlichen Leistungssteigerung, 1967 bekam die XLH ebenfalls einen elektrischen Anlasser, und die Werbung neue Munition: »Drück' auf den Knopf...Zap, los geht's. Es ist ein elektrisierendes Gefühl...unglaublich...die Sportster H mit Instant Start...Seht euch das an! Das neue Scheinwerfergehäuse ist eine Schönheit«. Kapazitätserweiterungen bei Tomahawk erlaubten die Produktion eines sehr typischen, sehr amerikanischen Beiwagens für die Electra Glide. 1968 hieß es im Prospekt: »Dieses Motorrad ist mit der Präzision eines Formelrennwagens gefer-

RECHTS:
Die letzte Panhead war die Electra-Glide von 1965, zugleich auch die erste E-Glide mit Anlasser.

HARLEY-DAVIDSON

RECHTS:
Eine wilde Lackierung für eine Sportster von 1968. Das Interesse an der Sportster blieb über viele Versionen unverändert groß – bis in unsere Tage.

MOTOR
HARLEY-DAVIDSON
CYCLES

tigt und bietet dennoch den handgefertigten Luxus eines Custom Cruisers.« Nebenbei: die 1968er Baureihe war gegenüber des Vorjahres völlig unverändert.

1964 erhielt der Käufer nicht nur 312 Kilo Duo-Glide und eine Höchstgeschwindigkeit von 97 Meilen pro Stunde, sondern viel mehr einen Lebensstil, wichtiger als alle Meßwerte. Die Sportster andererseits, die Schnelligkeit nicht nur versprechen, sondern auch halten sollte, wurde jetzt von den 650er und 750er Zweizylindern von Triumph, Norton und BSA eingeholt. Das führte zur Entstehung eines florierenden Tuningmarktes. Viele selbständigen Firmen lieferten Kits, mit denen den schnellen, aber nicht immer standfesten Briten Paroli geboten werden konnte. Wie zu erwarten, stießen solche Umbauten auf Proteste aus Milwaukee.

Es ist schwer zu schätzen, wieviel Harley in die neue Shovelhead Generation investierte, wie teuer Konstruktion, Maschinen und Marketing waren. Diese Kosten, zusammen mit einem ausgiebigen Rennprogramm, müssen aber die Finanzreserven sehr beansprucht haben. Jedenfalls ging das Unternehmen 1965 auf den Aktienmarkt, um die Kapitaldecke aufzustocken. Die Stimmrechte blieben jedoch fest in den Händen beider Gründerfamilien Harley und Davidson.

Trotz des Gangs zur Börse Mitte der Sechziger hatte das Unternehmen, als das neue Jahrzehnt nahte, gewaltige finanzielle Probleme. Harry Sucher nennt in seinem hervorragenden Werk The Milwaukee Marvel einen Umsatz von 43 Millionen Dollar, aber nur einen Gewinn von 1,17 Millionen: Schwarze Zahlen, aber nur gerade so. Aber dies soll keine Geschichte des Unternehmens Harley-Davidson und seiner Abenteuer auf dem Aktienmarkt darstellen, es geht hier um das Produkt. Allerdings sind diese Zahlen doch sehr wichtig für die Modellentwicklung im folgenden Jahrzehnt – wie man noch sehen wird.

***UNTEN und GEGENÜBER:* Die FLH Classic von 1981 behält den Retro Look, schöpft aber die Leistung der Achtziger aus seinen 1300 Kubik. Der Seitenwagen ist heißbegehrt und bereitet dem großen Motor keinerlei Probleme.**

Kapitel 7

Die Rennmaschinen

Rennen als Produktentwicklung

RECHTS:
AMA Rennfahrerin Nancy Delgado mit ihrer 883, Daytona 1992. In der jüngeren Geschichte konnten viele Frauen ihren männlichen Kollegen auf der Rennstrecke oft das Hinterrad zeigen.

VORHERIGE SEITE:
Der unverwechselbare Joe Petrali bei einem Hillclimb 1934. In der neuen 350er Klasse hatte Joe mit seiner Peashooter Indian so oft gezeigt, wo der Hammer hängt, daß Indian sich von dieser Disziplin tatsächlich für eine Weile offiziell zurückzog.

Die vollständige Renngeschichte von Harley-Davidson ist viel zu lang, um in einem Kapitel erzählt zu werden, schließlich beteiligte sich Harley an allen wichtigen Rennserien: Boardrennen, Flattrack, Straßenrennen und Dragster. Das Sportengagement ist ein Buch für sich, und es gibt tatsächlich einige darüber, wie *Alan Girdlers Harley Racers* (Verlag Motorbook International, Osceola) und für den größeren Überblick *Mick Walkers American Racing Motorcycles* (Verlag Osprey, London). Und in der ganzen Geschichte nimmt Daytona einen besonderen Platz ein.

Das Werk hat sich nicht immer mit Herz und Seele am Rennsport beteiligt und das aus guten Gründen. Wie bereits erwähnt, war der Rennsport für das junge Unternehmen sehr wichtig. Walter Davidsons Sieg im Long Island Endurance Run 1908 – gegen 22 andere Marken – brachte wichtige Publizität, aber als der Rennbetrieb zunehmend professioneller wurde, konnten die Serienmaschinen nicht mehr mithalten. Um es einfacher auszudrücken: die Gründer sahen nicht ein, teure Spezialmaschinen zu bauen und Rennfahrer zu löhnen, da Amateursiege genau so viel Werbung einbrachten, ohne daß das Werk Kosten oder den eigenen Ruf riskierte. Ähnliche Parallelen gibt es überall im Rennsport, beispielsweise im Automobilsport. Wenn etwa der Motor eines Werkswagen während des Langstreckenrennens in LeMans auf der Mulsanne-Geraden platzt, fällt das auf die Marke zurück, wenn einem Privatteam dieses Schicksal widerfährt, hat es nur am Rande etwas mit dem Motorhersteller zu tun.

Um 1914 änderte sich jedoch die Hausphilosophie. Wenn H-D sich der Rennerei widmen wollte, dann mit vollem Einsatz. Bei den 300 Meilen von Dodge City trat 1914 erstmals ein offizielles Werksteam an. Die Premiere brachte keine Lorbeerkränze, doch bald schon wurde H-D zu einer Größe im Motorradrennsport, an der niemand vorbei kam. Die Marke aus Milwaukee dominierte mit ihrem Achtventil-Zweizylinder und dem Vierventil-Einzylinder die Konkurrenz nach Belieben. Oft brachte das Werk in einem Rennen so viele Motorräder an den Start, daß zwangsläufig eine Harley gewinnen mußte.

Boardracing auf Bretterpisten war ein schneller Sport. Anfang der Zwanziger drehten die Motorräder (ohne Bremsen!) Runden mit einem Durchschnitt von über 160 km/h. Der ohv-Einzylinder Peashooter und die Achtventiler-Zweizylinder waren nicht käuflich, und die Rennszene von werksunterstützten Teams beherrscht. Amateure hatten dort nichts zu suchen.

1934 führte die AMA (American Motorcyclists' Federation, 1923 gegründet) die »Class C« ein. Diese Rennmaschinen basierten auf Serienmotorrädern, mindestens 25 Exemplare mußten gebaut werden und in den Verkauf gelangen. Harley-Davidson und Indian kontrollierten seinerzeit die AMA und es ist kaum überraschend, daß das Reglement außerdem seitengesteuerte Motoren mit 750 Kubik Hubraum vorschrieben. Genau diese Auslegung war schließlich das Hauptprodukt beider Hersteller. Die WL 45 (750) kam, wie wir wissen, schon 1929. Die Einführung der »Class C« war die logische Folge hinter dem Denken, das zur 350er Peashooter von 1925 geführt hatte. Die größeren Zweizylinder waren für TT-Rennen tauglich, Kurse, die nicht nur Links- und Rechtskurven, sondern auch Sprünge und andere schwierige Passagen aufwiesen .

Neben der »Class C« gab es weiterhin die

SHOEI
55
SPECTRO
SYED
sbs
H-D
121
PowerBar
DUNLOP

83

LINKS:
Hillclimbing war anscheinend in den Zwanzigern ein Familiensport.

RECHTS:
Am 28. April 1921 schaffte der Engländer Douglas H. Davidson (kein Verwandter) als erster Fahrer einen Durchschnitt von mehr als 100 Meilen pro Stunde auf der Brooklands-Bahn in England. Die Werksmaschine basierte auf einer Boardtrack-Maschine und verlor den Rekord schon am nächsten Tag an Herbert LeVack auf einer Achtventil-Indian.

UNTEN:
Claude Temple war Douglas Davidsons Partner bei seinem Rekordversuch.

OBEN:
Vereiste Pisten bereiten am Steuer eines Allrad-Lancia oder BMW vielleicht viel Spaß – aber in Schweden fuhr man in den Zwanzigern regelrechte Motorrad-Rennen auf den vereisten Seen. Der ruhige Erik Westerberg kam auf 165 km/h auf dem See Edsviken in Stockholm.

RECHTS:
Freddie Dixon hatte eine sehr lange Rennkarriere. Seine Erfolge bedeuteten für Harley-Davidson in Europa viel.

»Class A«, das heißt die Klasse der Werksteams, während in der »Class B« halbprofessionelle Teams antraten. Zwischen 1910 und 1930 beteiligte sich Harley Davidson außerdem an englischen Rennen, was den Export förderte.

Der Star der Rennszene Ende der Zwanziger und der Dreißiger war zweifellos Joe Petrali. Joe fing seine Karriere auf einer Indian an, flirtete kurz mit Excelsior und fuhr dann ausschließlich Harley-Davidson. Mehr als zehn Jahre lang war er der unbestrittene Star des Werksteams aus Milwaukee. 1935 siegte er in allen 13 Dirttrack-Rennen der 350er-Klasse der nationalen AMA Meisterschaft. 1937 nahm er eine der neuen Zweizylinder Typ 61 mit nach Daytona und stellte dort einen neuen Rekord von 219,12 km/h auf. Die 61EL Knucklehead in Serienausführung profitierte erheblich von seinen Vergaserexperimenten. Bei der gleichen Gelegenheit stellte er außerdem mit einer seitengesteuerten 750er einen neuen Rekord (164 km/h) auf. Fünf Jahre lang, von 1932 bis 1936, war Petrali amerikanischer Hillclimb-Meister. Sein größter Erfolg war allerdings zweifellos, daß er seine Karriere überlebte! Rennen war damals viel gefährlicher als heute, und obwohl durch umfangreiche Sicherheitsmaßnahmen die erzielbaren Geschwindigkeiten reduziert wurden, waren die Todeszahlen erschreckend hoch. Die meisten von Joe Petralis Siegen erfolgten ohne Werksunterstützung, da Indian und Harley-Davidson in den Dreißigern mit anderen Problemen zu kämpfen hatten. Die Werksunterstützung betrug zu der Zeit praktisch Null. 1937 stellte H-D dann die WLDR 45 mit Aluminiumzylinderköpfen vor. Die gleiche Bezeichnung erschien 1940 wieder, aber dann auf einer Basismaschine für den Rennsport. 1941 produzierte das Werk dann die WR, eine reine Rennmaschine. Die Rennabteilung lag im Verantwortungsbereich von Harvey »Hank« Syvertson, der auch die Rekordmaschinen von Joe Petrali präpariert hatte. Ein Team im echten Sinne des Wortes gab es nicht. Die Rennabteilung präparierte Motorräder und verkaufte sie, oder verlieh sie, an ausgewählte Fahrer. Allerdings ließ die Indian Scout jener Jahre die W-Maschinen von Harley weit hinter sich, und das gefiel dem Werk selbstverständlich überhaupt nicht. Rennen auf

Harley-Davidson

21A Peashooter 1926

Die Peashooter wurde berühmt als Joe Petrali 1935 alle Rennen zur amerikanischen Meisterschaft im Dirttrack gewann. Sie war auch der große Hit auf den Exportmärkten.

Bezeichnungen	A, AA, B, BA
Motor	Einzylinder, ohv oder seitengesteuert
Bohrung x Hub	60 x 82 mm
Hubraum	345 cm^3
Federung	Springergabel
Leistung	10 PS
Höchstgeschwindigkeit	80 km/h seitengesteuert, 95 km/h ohv

OBEN:
Joe Petrali schlug den Meilenrekord im März 1936 auf dem Strand von Daytona mit 219,11 km/h. Die Verkleidung machte das Motorrad instabil und wurde nur für dieses PR-Foto verwendet.

Bretterpisten gehörten inzwischen der Vergangenheit an, an ihre Stelle traten Flattrack- oder Dirttrack-Rennen. Harley produzierte zwei Rennversionen, die WR für Flattrack und die WRTT. (TT-Rennen hatten Links- und Rechtskurven, Flattrack-Kurse waren Ovalkurse.) Die Motorräder waren eigentl ch ganz normale seitengesteuerte 750er WL. Magnetzündung, andere Ventile und Nockenwellen, größere Kanälen und leichtere Fahrgestelle machten sie zur WR – und zu Daytona-Sieger.

Die Geschichte von Daytona als Rennstrecke fängt eigentlich im Jahre 1937 an, damals fand das erste Rennen statt. Ein Blick in die Ergebnisliste nennt Harley-Davidson als Sieger 1938, 1939 und 1940. Dann war Pause, bis 1953 ein vierter Sieg folgte. Der größte Konkurrent hieß anfangs Indian, später – gelegentlich – auch Norton. Der Sieg 1953 war eigentlich mehr als Zufall. Schon seit einigen Jahren war die WR 45 nicht schnell genug, um mit den Norton und Triumph mithalten zu können. Die Norton Manx mit 500er Königswellenmotor war ein mächtiger Gegner. Auch die speziell aufgebauten 650er Indian Scout waren sehr schnell und hielten die Markenfarben bei diesem Beachrennen hoch. Die Wende kam 1952, als Harley-Davidson das K-Modell vorstellte. Dabei handelte es sich um eine völlige Neukonstruktion, vom treuen V-Twin

Harley-Davidson

Hillclimber 1929

Basiert auf der 74 (1200 cm3) konnte dieses Motorrad im kleinen Gang auch sehr steile Steigungen mühelos bewältigen.

Bezeichnungen	Keine
Motor	ohv V-Zweizylinder
Bohrung x Hub	80 x 101 mm
Hubraum	1200 cm³
Federung	Kurzschwinggabel
Leistung	Unbekannt
Höchstgeschwindigkeit	Unterschiedlich

UNTEN:
Edward James aus Elmira hat Probleme beim Onandaga Hillclimb. Situationen wie diese verschafften Hillclimb-Veranstaltungen einen ungeheueren Zulauf.

blieb kaum mehr als die Zylinder-Konfiguration. Der Motor war immer noch ein seitengesteuerter 750er, wie die W-Reihe, aber das meiste war neu, wie zum Beispiel die Blockkonstruktion mit Motor und Getriebe als Einheit. Fußschaltung, Doppelschleifenrahmen, Hinterradfederung und Telegabel komplettierten das Bild.

Neben der Straßenausführung kam die neue KRTT Straßenrennmaschine für TT-Rennen und als KR mit Starrahmen für Ovalrennen. Technisch unterschieden sich die Rennmotoren nur in Details von der Straßenausführung. Die Wettbewerbsmodelle waren aber erst im August 1952 erhältlich, die K-Modelle konnten deswegen erst im folgenden Jahr in das Geschehen eingreifen. Der Höhepunkt des Werksengagements stellten 1953 die 200 Meilen von Daytona dar. Paul Goldsmith siegte mit einer Durchschnittsgeschwindigkeit von 151,97 km/h, um so schöner, weil damit eine lange britische Siegesserie unterbrochen werden konnte. Auch eine Geländeversion entstand, die KRM. Sie war aber zu schwer, um gegen die leichteren Einzylinder-500er und Zweizylinder-650er aus England bestehen zu können. Bei den Daytona 200 im Jahre 1954 waren die Rollen vertauscht. Die ersten fünf Plätze gingen an BSA, erst an sechster Stelle folgte eine Harley. Erst Yamaha sollte, zwei Jahrzehnte später, in ähnlicher Manier bei den 200 Meilen so abräumen. Der Rest der Saison gestaltete sich für die Fans englischer Motorräder weniger erfreulich, weil Joe Leonard auf einer Harley KR das Feld völlig dominierte. Leonard gewann acht der insgesamt 18 Meisterschafts-Rennen, einschließlich des Laconia 100, eines weiteren Renn-Klassikers. Mit Joe Leonard gewann außerdem der erste Fahrer die Meisterschaft, der mehrere Läufe gewonnen hatte. Zuvor wurde zum AMA-Champion gekürt, wer das einzige ausschlaggebende Rennen für sich entschieden hatte. Tom Sifton, ein früherer Motorradhändler aus San José, tunte Leonards Motorrad. Siftons

Oben:
Die Briten kommen... Der erste (unerwartete) britische Rennsieg in Daytona folgte 1941. 1949 belegte die Marke die ersten drei Plätze; dann kamen die Norton 500 Manx, die bis 1953 auf die vorderen Plätze abonniert waren. Anschließend übernahm BSA die Stafette. Dick Klamfoth (Mitte) siegte 1949. Norton wurde zu dieser Zeit von der Indian Sales Corporation in den USA vertrieben, was das Hemd rechts erklärt.

61 KR
OWNER BUILDER JOHN OLSEN

21
8
5

Harley-Davidson

KR 750 1960

Dies war die ultimative Dirttrackmaschine und dominierte von 1952 bis 1968. Die Änderung des Reglements führte zur obengesteuerten XR, die nahtlos an die KR-Erfolge anknüpfte.

Bezeichnungen	Keine
Motor	Seitengesteuerter V-Zweizylinder
Bohrung x Hub	69 x 97 mm
Hubraum	750 cm³
Federung	Telegabel, Schwinge (o. Starr)
Leistung	50 PS
Höchstgeschwindigkeit	200 km/h

***LINKS:* Die KR 1961, für jeden Renneinsatz gut.**

Können entlockte dem Motor etwa 50 PS auf dem Hinterrad, unglaublich für einen seitengesteuerten 750er-V-Twin Anfang der Fünfziger. Im wesentlichen war diese Mehrleistung der Feinarbeit an den Kanälen sowie dem Einbau von doppelten Ventilfedern zu verdanken, die der anerkannte Triumph-Experte Tom Witham geliefert hatte. Andere Modifikationen bestanden in sodiumgekühlten Ventilen, verchromten Kolbenringe und, gegenüber der Serie, vergrößerten Pleuellagern. Letzteres wurde später vom Werk übernommen. Nach der Saison 1954 ließ Sifton sich breitschlagen und trennte sich von seiner KR mit Sifton-Tuning. Sein Freund, der Harley-Händler Leonard Andres, erwarb sie für seinen Sohn Brad, der damit seine erste Saison als »Expert« (A-Lizenz) bestreiten sollte. Der Motor war jeden Pfenning wert. Der 19jährige Brad siegte in der 1955er Auflage der Daytona 200 mit einer neuen Rekord-Durchschnittsgeschwindigkeit von 152,16 km/h. Andres gewann anschließend mehrere Rennen in der AMA Meisterschaft, unter anderem die Laconia 100, Dodge City 75 und das berühmte Langhorne 100. Ende der Saison war er AMA Number One, der einzige Neuling, oder »Rookie« wie die Amerikaner sagen, der das geschafft hat. Everett Brasher wurde Zweiter und Joe Leonard Dritter, alle drei auf Harley-Davidson. Nur zwei Rennen in der 17 Rennen umfassenden Serie wurden in dem Jahr von anderen Marken gewonnen. Diese Überlegenheit brachte eineÄnderung im Reglement. Bei der Jahreshauptversammlung im November 1954 stimmte die AMA für eine Erhöhung der zulässigen Verdichtung von 8:1 auf 9:1, eine Entscheidung, die nur den Rivalen von Harley-Davidson zugute kam. Zu dieser Zeit liefen die

***GEGENÜBER, unten:* Brad Andres (Nr.8, Mitte) nach seinem Sieg im Daytona 200 1953. Die KR Rennmaschinen dominierten zu ihrer Zeit die Dirtovale in Amerika.**

***LINKS:* Die letzte seitengesteuerte KR in Rennausführung, dieses Exemplar heute im Besitz von Walt Schaefer.**

Harley-Davidson

XR 750 1970

Als die obengesteuerte XR 750 kam, war sie die Königin der Dirttrack-Ovale.

Bezeichnungen	Keine
Motor	ohv V-Zweizylinder
Bohrung x Hub	79,3 x 75,7 mm
Hubraum	750 cm^3
Federung	Telegabel, Schwinge
Leistung	60 PS
Höchstgeschwindigkeit	230 km/h

OBEN:
Mert Lawwill aus Tiburon, Kalifornien, war in den Sechzigern und Siebzigern ein erfolgreicher Werksfahrer. Er machte Karriere mit Harley-Davidson.

seitengesteuerten Motoren noch mit 6,5:1. Diese Änderung sollte aber auch nichts nützen, wie es sich schon Anfang der Saison 1956 herausstellte; H-D gewann alle sieben Meisterschaftsrennen. Obwohl Joe Leonard in nur zwei davon siegte, das Meilenrennen in San Mateo, Kalifornien, und die TT in Peoria, Illinois, sammelte er genug Punkte, um Brad Andres den Titel wieder abzujagen. Andres wurde in seiner zweiten Saison übrigens Zweiter. 1957 gewann Leonard nicht nur den Titel, sondern auch die Hälfte der acht Meisterschafts-Rennen, darunter auch sein erster Sieg bei den Daytona 200. Zur Abwechslung war der zweite Mann hinter ihm kein Harley-Fahrer, Al Gunter fuhr eine 500 BSA Gold Star. Dick Klamfoth, ebenfalls ein BSA-Mann, kam auf den dritten Platz. Den vierten Rang belegte ein Neuling, Carroll Resweber, ebenfalls ein Harley-Pilot. Er hatte zweimal gesiegt, auf den Halbmeilen in Columbus, Ohio, und St. Paul, Minnesota. 1957 zog sich H-D Rennleiter Hank Syvertsen zurück, seine Nachfolge trat Dick O'Brien an. Im folgenden Jahr wurde Carroll Resweber Meister, einen Titel, den er vier Jahre in Folge verteidigen konnte, immer auf Harley-Davidson. Der erste Titel war allerdings eine denkbar knappe Angelegenheit. Mit 36 Punkten rangierte Resweber nur einen Zähler vor Leonard, obwohl der frühere Meister mehrere Rennen wegen Verletzungen aussetzen mußte. Ähnlich knapp, wenn auch nie wieder so knapp, ging es auch in den nächsten Jahren aus, jedesmal mit Resweber als Meister und Leonard als Vize. Lediglich BSA mit der einzylindrigen Gold Star und der zweizylindrigen A7SS konnte Harley Paroli bieten und mehrere Meisterschaftsläufe gewinnen. Während Reswebers Herrschaft, die von 1958 bis 1961 währte, gab es neben Joe Leonard noch eine Menge anderer

Harley-Spitzenfahrer wie Brad Andres, Everett Brasher, Duane Buchanan, Troy Lee, Bart Markel und Roger Reiman. Die beiden letzten sollten später ebenfalls AMA-Meister werden.

Im April 1960 wurde die Vereinbarung zwischen Harley-Davidson und Aermacchi publik. Jetzt konnte Harley-Davidson die kleinen 250er von Aermacchi in den USA verkaufen und auch in Rennen einsetzen. Zum Saisonauftakt gewann Don Burnett die 200 Meilen von Daytona mit einer 500er Zweizylinder-Triumph und brach damit eine siebenjährige Harley-Davidson-Siegesserie. Aber der Meister des Jahre 1962 hieß Bart Markel und kam aus Flint, Michigan – und fuhr Harley-Davidson. Der 27jährige Markel löste Carroll Resweber als Number One ab, da der amtierende Meister beim Training zum Fünfmeilen-Rennen in Lincoln, Illinois, im September einen furchtbaren Unfall erlitt. Danach führte Resweber vor Markel mit 44 Punkten gegen Markels 40, und er war sich seines fünften Titels ziemlich gewiß. Es hat nicht sollen sein: Jack Goulsen, Dick Klamfoth und Resweber kollidierten während der Trainingssitzung. Goulsen war sofort tot, Resweber verletzte ein Bein so schwer, daß er nie wieder ein Rennen fuhr und Klamfoth war von dem Unfall so schockiert, daß er an Ort und Stelle seine Rennkarriere aufsteckte. Markel gewann den Titel mit 58 Punkten, Resweber genügten seine 44 Punkte, um Zweiter zu werden. Dritter in der AMA-Meisterschaft war Dick Mann, der abwechselnd BSA Gold Star und Matchless G 50 fuhr. Im Jahr darauf, 1963, wurde Mann Meister, aber erst nach vielen Kontroversen um seine G 50. Kritiker behaupteten, die Matchless sei eine reine Rennmaschine, was einerseits stimmte, andererseits aber hatte das Werk die nötigen Exemplaren als Straßenmotorräder homologiert. Ein einziger Punkt trennte Mann vom Zweitplazierten, Harley-Fahrer George Roeder, der seinerseits nur knapp seinen Teamkollegen Ralph White schlagen konnte.

Die wachsende Popularität kleinerer Motorräder führte zu einer 250er-AMA-Meisterschaft. Bart Markel gewann 1963 mit einer Sprint (Aermacchi) in der Peoria TT. Die Zeitschrift *Cycle World* testete später beide von Harley angebotenen Rennversionen, die Sprint und die neueste KR (in diesem Fall Dick Hammers Maschine, getunt von Jerry Branch). Beide Motorräder hatten Rennverkleidungen, die erst in dem Jahr von AMA zugelassen waren. Die Sprint erreichte eine Höchstgeschwindigkeit von 185 km/h und die KR 228. Die käuflichen Rennmaschinen kosteten 900 beziehungsweise 1295 Dollar, als

UNTEN:
Walter Villa beim Großen Preis von Deutschland auf dem Nürburgring 1976. Bemerkenswert an seiner Maschine mit Zweizylinder-Zweitaktmotor ist die konische Trommelbremse von Campagnolo.

Harley-Davidson

CRTT Road Racer 1963

Die Rennausführung der Aermacchi 250.

Bezeichnungen	CR, CRTT, CRS
Motor	Einzylinder Viertakter
Bohrung x Hub	66 x 72 mm
Hubraum	250 cm³
Federung	Telegabel, Schwinge
Leistung	28 PS
Höchstgeschwindigkeit	185 km/h

OBEN:
Jay Springsteen in den Siebzigern auf dem 250er Zweitakter. Springsteens größte Erfolge kamen aber auf den Dirttracks mit der XR.

Leistung wurde 28,5 PS für die Sprint und 48 PS für die KR angegeben. Ein Teil der Geschichte der Sprint ist im vorangegangen Kapitel erzählt worden, besonders die doppelten WM-Titel des italienischen Stars Walter Villa. Harleys GP-Einstieg erfolgte schon 1960 mit der Ala Verde, jener 250er, die in den USA den Namen Sprint bekam. Alberto Pagani wurde damit Fünfter in Spa beim Großen Preis von Belgien, hinter drei MV Agusta und Mike Hailwood auf einer Zweizylinder-Ducati. Beeindruckt? Jeder war es damals. Die Rennstrecke in den Ardennen war vor ihrem Umbau sehr schnell, der Neuling hatte jedem mit seiner Schnelligkeit beeindruckt. Bohrung und Hub der Maschine wurden für 1962 geändert, die Leistung stieg auf 28 PS bei 9500/min. Gleichzeitig erhielt das Getriebe den sehr notwendigen zusätzlichen fünften Gang. Wer das Geld hatte, konnte eine Ala Verde kaufen und in privater Regie fahren – wenn er Glück hatte und eine fand. Das Werk hatte die Nachfrage unterschätzt, immer besser als eine Überschätzung, aber für die Verkaufsabteilung nicht weniger quälend. Werksunterstützte Fahrer starteten bei den europäischen GP und beendeten die Rennen in Deutschland und Italien auf dem vierten Platz. Schrittweise wurde der Hubraum vergrößerte, zunächst auf 380, später auf 402 Kubikzentimeter, doch die Ankunft der japanischen Produktionsrenner machte dem Modell 1969 nach einer ruhmreichen Karriere den Garaus. Fünf Jahre später war ein Zweizylinder-Zweitakter rennbereit und damit versetzte Walter Villa die Rennwelt erneut in Erstaunen. Außer in der WM bestritten Werkszweitakter gelegentlich auch in den Siebzigern AMA-Meisterschaftsläufe.

Aus der SX 250 Trail Bike wurde eine Dirttrackmaschine entwickelt, die MX 250. Bevor diese ganz rennbereit war, beendete jedoch das Werk in Varese sein Rennengagement, da auch die Kontakte zwischen den beiden Werken langsam einschliefen. Doch zurück zu den V-Twins.

1964 war Harley-Davidson wieder Herr im Hause AMA und stellte mit Roger Reiman die neue Number One, mit unter anderem zwei Siegen, in Daytona und in einem Shorttrack-Rennen in Hinsdale, Illinois. Reiman gewann seinen Titel, wie Mann im Jahre zuvor, eher durch konstantes Fahren in die Punkte als durch viele Siege. Im März 1965 gelang Reiman sein zweiter Daytona 200-Sieg, in der Meisterschaft verteidigte Bart Markel Harleys Ehre gegen die anstürmenden Horden von britischen Motorrädern. Der ehemalige BSA-Star Dick Mann war übrigens der erste, der ein AMA-Rennen auf einem japanischen Zweitakter, einer Yamaha TD1, gewann, in der 250er Klasse in Nelson Ledges, Ohio.

Markel wurde 1966 wieder Meister, diesmal mit der modernsten Ausführung der seitengesteuerten KR. Allerdings hatte sich die Marke des kein Blumentopf mehr zu gewinnen. Aber die Rennen in Amerika wurden von AMA, nicht von der FIM veranstaltet, und deswegen durften seitengesteuerte Motoren mit 750 Kubik Hubraum gegen obengesteuerte 500er antreten. Eine weitere Sonderregelung, die die einheimischen Harleys lange unterstützte, betraf die obere Grenze für die Verdichtung. Über zwei Jahrzehnte dauerte es, bis sie von 7,5 auf 9:1 steigen durfte. Die erste Zahl stellt etwa die obere Grenze dessen dar, was aus einem seitengesteuerten Motor herausgeholt werden kann. Die englischen Konkurrenten konnte damit ihr Potential natürlich nicht ausschöpfen, die Harleys blieben aber konkurrenzfähig. Trotzdem war es jedoch eine beachtliche Leistung, eine seitengesteuerte Maschine mit über 230 km/h durch den Speedtrap zu fahren. Einem seitengesteuerten Motor eine hohe Leistung zu entlocken, ist heutzutage eine schon fast vergessene Kunst.

Mit einer speziell aufgebauten XLR 883 Sportster mit Rennfahrwerk ging der Amerikaner Lance Weil 1967 in England auf Kurzstrecken

UNTEN:
Mark Brelsford war AMA-Champion auf Harley-Davidson 1972. Auch unter AMF-Regie hatte Harley-Davidson großes Interesse an Rennen.

Ansturms von Triumph kaum erwehren können. Die britischen Motorräder konnten mehrere Siege verbuchen, unter anderem auch das Daytona 200. Ein Höhepunkt der Saison war Cal Rayborns Sieg beim Carlsbad Straßenrennen, sein erster Sieg in der Nationalen Meisterschaft.

Mitte der Sechziger waren seitengesteuerte Rennmotoren außerhalb der AMA-Meisterschaft undenkbar. Die internationalen FIM-Regeln stuften die Klassen nach Hubraum ein, und international war mit dem seitengesteuerten Motor an den Start. Er siegte in der 1000er Klasse in Lydden Hill, Brands Hatch, Oulton Park und Mallory Park. Die Werbewirksamkeit in Europa und Amerika kann nicht hoch genug eingeschätzt werden.

Nach der Niederlage gegen Triumph in Amerika 1967 meldete sich Harley-Davidson mit einer modernisierten KR für 1968/1969 eindrucksvoll zurück. Dick O'Brien und seine Techniker hatten die Saison 1967 ihr Motorrad weiterentwickelt. Besonders viel Aufmerksamkeit

GEGEBNÜBER
Eine XR 750 von 1977, umgebaut für die Straße.

wurde einem neuen Rahmen zuteil. Er war niedriger als die früheren und deswegen Low-Boy genannt. Lance Weils Motorrad hatte den ersten Rahmen dieser Serie und außerdem neue Kunststoffteile. Für die Werksmaschinen ließ H-D später windkanalgeteste Verkleidungen, Tanks und Sitzbänke von Wixom Bro's in Long Beach herstellen. Obwohl Dick O'Brien die Leistung dieser letzten Generation seitengesteuerter Motoren nie kundgab, glauben wir zu wissen, daß die Werksmotoren der 1968 KR gut 60 PS am Hinterrad hatten und das bei einer Drehzahl von mehr als 7000/min. Unter anderem wurden Tillotson-Unterdruckvergaser verwendet, andere Nockenwellenprofile und geänderte Auslaß-Steuerzeiten. Wegen des neuen Zweivergasersystems wurden Brennräume und Verdichtung ebenfalls geändert. Wie erfolgreich die Arbeit war, zeigen die etwa 13 km/h schnellere Rundenzeiten auf Daytona. 1968 schafft Roger Reiman mit 239,86 km/h die schnellste Qualifikationszeit für Daytona. Im Rennen überrundete der Sieger Cal Rayborn in den 40 Runden bis auf zwei Piloten (die belegten dann die Plätze zwei und drei) sämtliche Konkurrenten. Er wurde auch der erste Fahrer, der mit einem Renndurchschnitt von mehr als 100 Meilen pro Stunde (160,9 km/h) gestoppt wurde. 1969 wurden nur acht KR 750 gebaut, allesamt Werksmaschinen. Sie verfügten über Ceriani-Gabeln und massive Fontana-Trommelbremsen vorn, komplettiert durch eine hintere Scheibenbremse aus amerikanischer Produktion. Wieder kontrollierte Cal Rayborn nach Belieben das Geschehen in Daytona, wie auch in den meisten der restlichen Rennen der Saison. Trotzdem wurde Teamkollege Mert Lawwill dank seiner Erfolge auf dem Dirttrack AMA-Meister. Lawwill schaffte 672 Punkte, Cal Rayborns 517 Zähler reichten nur für einen dritten Platz.

1969 war aber auch das Ende der seitengesteuerten KR, da für 1970 eine offene 750er Klasse geplant war. Es war auch das Ende für die alte Gesellschaft, die jetzt von der AMF übernommen wurde. Für die Rennabteilung folgten schwere Zeiten, nicht nur wegen des neuen Reglements, sondern auch weil der neue Besitzer vor allem Geld sehen wollte. Rennen dagegen kosteten zunächst einmal, und das nicht wenig. O'Brien tat sein bestes: Im Februar 1970 debütierte auf der Motorradausstellung in Houston, Texas, die XR 750, eine Konstruktion des Niederländers Pieter Zylstra. Der Prototyp war in nur vier Monaten entstanden; die kurze Zeit und die Tatsache, obwohl als neues Modell vorgestellt, daß es sich nur um eine modifizierte Sportster im Fahrgestell der KR handelte, sollten Ärger bereiten: Harley sah gegenüber der Konkurrenz, die Dreizylinder von Triumph und BSA sowie die Vierzylinder von Honda kein Land. Der Saisonauftakt 1970 in Daytona war eine einzige Katastrophe und leider typisch für die ganze Saison. Offiziell gab das Werk den Kolben die Schuld, aber die Probleme waren größer und lagen tiefer. Die meisten technischen Defekte kamen von der zu hohen Hitzeentwicklung. Der »eiserne« XR 750-Motor bekam bald den Spitznamen »Waffeleisen«, Ausfälle waren eher die Regel als die Ausnahme. Von den 25 Rennen zu der AMA-Meisterschaft siegte H-D nur in sieben. Der amtierende Meister Mert Lawwill wurde schließlich in der Schlußabrechnung nur Sechster und war damit bester Fahrer des Teams aus Milwaukee. In der Geschichte der AMA Meisterschaft stellte das auch die schlechteste Spitzenplazierung einer Harley-Werksmaschine überhaupt dar.

In der Winterpause beschäftigte sich Dick O'Brien und seine Männer mit ernsthaften Umbauten. Neue Zylinderköpfe und eine neue Kurbelwelle, in einem Stück geschmiedet, wurden eingesetzt, die Zylinderköpfe zusammen mit den Zylindern durch lange Stehbolzen direkt mit dem Kurbelgehäuse verschraubt (zuvor waren es einzelne Bolzen gewesen), die den Kopf mit dem Zylinder und den Zylinder mit dem Gehäuse verbanden. Die gewonnenen Vorteile machten jedoch mehrere Getriebeschäden Anfang der Saison 1971 wieder zunichte.

In Straßenrennen zeigte sich Cal Rayborn als der wahre Meister, wenigstens so lange sein Motorrad lief. Auch wenn er unter einem Leistungsdefizit litt, war er in den Jahren 1970 und 1971 in Amerika völlig überlegen. Was man von seinem Motorrad nicht gerade behaupten konnte. Das alte »Waffeleisen«, getunt von Walt Faulk, erlebte seine Sternstunde am Oster-Wochenende 1972, als Rayborn beim Kräftemessen mit britischen Spitzenfahrern, den sogenannten Anglo-American Match Races, drei der sechs Rennen gewann. Zum britischen Team gehörten solche Größen wie Weltmeister Phil Read, Peter Williams, John Cooper und Ray Pickrell. Letzterer hatte sich übrigens an diesem Wochenende am heftigsten gewehrt.

Schon lange davor hatte das Werk eingesehen, daß der ramponierte Ruf dringend aufpoliert werden mußte. Das Resultat: der neue XR 750 Alumotor, rechtzeitig zur AMA-Saison 1972 fertig. Unglücklicherweise für Cal Rayborn und Harley-Davidson waren jetzt auch die japanischen Zweitakter im Kommen, ebenso wie eine neue Generation europäischer Viertakter. Yamaha, Suzuki und Kawasaki hatten mehrzylindrige Zweitakter ins Rennen geschickt, die Dreizylin-

XR
750 HARLEY-DAVIDSON

OBEN:
Eine XR 750 von 1980, aus dem gleichen Jahr, als Randy Goss für Harley-Davidson AMA-Champion wurde.

der-Viertakter von Triumph/BSA standen jetzt auf ihrem technischen Höhepunkt. Den ersten Blick, aber nur einen kurzen, auf die neue Maschine durfte die Öffentlichkeit im Oktober 1971 auf der Rennstrecke von Ontario werfen. Und dann nur im Versteck eines Transporters. Vor Ontario war der Motor versuchsweise auf einem Dirtoval eingesetzt worden, nie auf einer Rennstrecke. Dick O'Brien ließ mitteilen, daß das Team nach dem Rennen in Ontario noch einige Tage dortbleiben und die neue Konstruktion testen wolle, mit Mark Brelsford und Cal Rayborn als Fahrer. Neben Brelsford und Rayborn hatte das Werk außerdem Zugang zu dem Italiener Renzo Pasolini, damals Werksfahrer für Aermacchi. Pasolini lernte schnell, und obwohl Kawasaki das Ontario 200 gewann (wegen des hohen Reifenverschleiß in zwei Läufen eingeteilt), verbuchte Pasolini Harleys bestes Saisonresultat: Platz drei. Nach Rayborns beeindruckender Vorstellung bei den Match Races 1972 kam er im September zum »Race of the Year« nach England, Mallory Park, zurück. Diesmal hatte er den neuen Alumotor und volle Werksunterstützung, was bei den Match Races nicht der Fall gewesen ist. Im Rennen duellierte er mit sich mit dem Yamaha-Werksfahrer und diesjährigen Weltmeister Jarno Saarinen, bis der Zündmagnet der Harley seinen Geist aufgab. Nach den mageren Jahren 1970 und 1971 war 1972 ein um so größerer Erfolg, da mit Mark Brelsford der neue AMA-Meister wieder Harley fuhr. Der Harley-Pilot notierte 1483 Punkte, gefolgt von Gary Scott auf Triumph mit 1105 Punkten. Andere ernstzunehmende Konkurrenten in dem Jahr waren Gene Romero (Triumph), Kenny Roberts (Yamaha), Chuck Palmgren (Yamaha), Dick Mann (BSA), Jim Rice (BSA) plus das Trio von Harley-Davidson, Mert Lawwill, Cal Rayborn und Dave Sehl. Leider sollte die folgende Saison wieder recht mager ausfallen. Auch in Flattrack-Rennen wurde Kenny Roberts mit der Yamaha XS 650 zu einem übermächtigen Gegner, und das in jener Disziplin, die Harley-Davidson früher so fest im Griff hatte. Typisch für die ganze Saison 1973 war wieder das Rennen in Daytona. Brelsford qualifizierte sich mit 157,60 km/h (Rayborn mit 158,49), hatte aber im Rennen in der elften Runde einen furchtbaren Unfall. Nach einer Kollision explodierte sein Motorrad in einem Feuerball, der amtierende Meister brach sich beide Beine sowie ein Handgelenk und verletzte sein Knie schwer. Nach seiner Genesung fuhr er nie wieder ein Rennen.

Das Pech blieb H-D im Verlauf der 1973er Saison treu: Rayborns Motor ging in einem Rennen fest und warf ihn zum Boden. Dabei brach er sich das Schlüsselbein, einige Rippen angeknackst. Er kehrte zurück noch bevor sein Schlüsselbein ganz ausgeheilt war, ein zweiter Unfall verzögerte die Heilung noch mehr. Dennoch fuhr er wieder nach England zu den Match Races, jetzt als Kapitän der amerikanische Mannschaft. Nur die wenigsten wußten, daß sein Schlüsselbein immer noch gebrochen war und daß er in den Rennen große Schmerzen ertragen mußte. In dieser Saison reiften auch die Zweitakter und die Viertakter hatten alle Mühe, da mitzuhalten. Nicht einmal Rayborns Talente konnten das wieder wettmachen, Ende des Jahres quittierte er seinen Dienst bei Harley. Es ist eine tragische Ironie, daß er in seinem ersten Einsatz auf einem Zweitakter ums Leben kam.

Der 33jährige Kalifornier startete in Auckland auf Neuzeeland am 1. Januar 1974 mit einem geliehenen Zweizylinder Suzuki 500 im ersten Lauf zu einer internationalen Winter-Rennserie. Kenner der Szene bezeichnen Cal Rayborn als einen der besten Rennfahrer aller Zeiten, Vorgänger der später so erfolgreichen amerikanischen Fahrer wie Roberts, Spencer, Lawson, Rainey und Schwantz. Es besteht auf jeden Fall kein Zweifel daran, daß Rayborn Harley-Davidsons bester Rennfahrer war und außerdem ein großer Sportsmann.

Nach Rayborns Kündigung sollte Harley-Davidson nie wieder die gleichen Erfolge im Straßenrennsport erzielen können und hat nur bei BoTT-Rennen in Daytona gesiegt.

Nach Kenny Roberts Eintritt in den internationalen Rennsport Ende der Siebziger sollte zwar Harley-Davidson noch mehrmals amerikanischer Meister werden, aber diese Erfolge waren alle von den Einsätzen in Dirttrack abhängig. Und dort haben wir angefangen.

In den ersten Nachkriegsjahren bestand die Meisterschaft aus fünf verschiedenen Disziplinen. Die erste war Amerikas eigene Form von Straßenrennsport, wo die Teilnehmer auf ganz gewöhnlichen Straßenmaschinen, oft auch Geländemaschinen, starteten und sich sogar mit den Füßen in den Kurven abstützten. Die anderen vier sollten bis in heutigen Tagen überleben: Halbmeilen, Meilen, Shorttrack auf Ovalkursen und, die vielleicht spannendste, TT (was allerdings nichts mit der TT auf der Isle of Man zu tun haben). TT-Strecken haben Links-/Rechtskurven und mindestens eine große Sprungschanze, wo die Fahrer 10-15 Meter weit bei ordentlicher Geschwindigkeit durch die Luft fliegen. Über

UNTEN:
Dirttrack war in den Siebzigern und Achtzigern die wichtigste Disziplin, für Harley-Davidson ebenso wie auch für die AMA. Beim Betrachten dieses Fotos muß man sich nicht fragen warum.

OBEN:
Sacramento Mile, Oktober 1992: 92 ist Rodney Ferris, 66 George Roeder und 42 Steve Morehead. Schon 1965 erreichte George Roeder mit einer vollverkleideten Sprint auf den Bonneville Salt Flats eine Spitze von 284 km/h..

RECHTS:
Eine XR 750 von 1968, gefahren vom hochtalentierten späteren Weltmeister Wayne Rainey.

Kurzstrecken, Shorttrack, waren zunächst verschiedene Hubraumgrößen zulässig, schließlich blieb es bei 250 Kubik. Andere Typen von Ovalrennen sahen Motoren mit entweder 45 oder 80 Kubikzoll (750 und 1300 Kubik), aber als die nationale Meisterschaft standardisiert wurde, bildeten 750 Kubikzentimeter Hubraum die oberste Grenze. Genau wie in Speedway-Veranstaltungen hatten die Motorräder keine Bremse, obwohl ab 1970 eine Hinterradbremse erlaubt war. Daraus entwickelten sich oft spannende Rennen, wo die Fahrer oft 200 km/h auf den Geraden erreichten, um dann ihre Motorräder seitwärts in Schräglage zu winkeln, um die Geschwindigkeit zu verzögern. Im Driften immer noch mit über 160 Sachen unterwegs, dicht aneinander, und das mit meistens V-Zweizylinder Motoren...

Bis Ende der Sechziger war Harley-Davidson mit seinen KR 750 V Twins und den 250er Sprint führend, wobei die britischen Konkurrenten von BSA und Triumph nicht weit dahinter lagen. Anfang der Siebziger debütierte die neue obengesteuerte XR 750, gleichzeitig kam eine neue Generation Herausforderer aus Europa und Japan. In den großen Klassen sollte die XR nie den gleichen Erfolg in Straßenrennen haben wie auf den Dirtovalen. Die ersten Dirtstars mit der XR hießen Mark Brelsford und Gary Scott, später gefolgt von Jay Springsteen, Steve Eklund, Randy Goss, Ricky Graham und Scott Parker.

Von diesen Dirtspezialisten war zweifellos Jay Springsteen das größte Talent. Springsteen, wie Leonard, Resweber und Markel vor ihm, hatte die Fähigkeit, seinen großen Zweizylinder nach vorn zu schieben und dort bleiben, komme was da wolle und so lange, bis die Zielflagge fiel. Dank solcher Männer hat keine andere Marke so viele Erfolge in der AMA-Meisterschaft verbuchen können wie Harley-Davidson. Sie sind für Amerika das, was MV Agusta in der klassischen Ära zwischen 1945 und 1975 für Europa bedeutete.

In den Achtzigern feierte die Marke seine größten Erfolge in der Zweizylinderklasse BOTT; als Honda mit der RS 750 in die Dirtserie 1984 einstieg und die Harleys auf Anhieb schlagen konnte, schuf die AMA für Harley-Davidson eine eigene Klasse, ausgeschrieben für zweizylindrige Straßenmaschinen. Politisch handelte es sich dabei um den Versuch, die Zweitaktdominanz in der Rennszene zu brechen. 1983 gewann Jay Springsteen diese BOTT Klasse in Daytona. Die Basis dieses Motorrads bildete die XR 1000, und in den folgenden Jahren gewann Gene Church mehrere Zweizylinderrennen mit dem gleichen Motorrad. Die 883 Sportster Klasse war ein anderer Versuch, große Viertakter wieder hof-

UNTEN:
Jay Springsteen (»Springer«) mit seiner Halbmeilen-Maschine, einer Rotax, die von Harley-Davidson auf Kurzrennen eingesetzt wurde.

RECHTS:
Sturgis 1992.
Wie immer wecken die Dragster das größte Interesse.

OBEN:
Konstruiert von Erik Buell, wurde 1990 die RS 1200 Westwind vorgestellt – eine gelungene Mischung aus Renn- und Straßenmotorrad. Ein Vorgänger der jetzigen Zweizylinder Superbikes?

fähig zu machen. Und dann erschien Ducati auf der Bildfläche und nahm die BOTT-Szene fest in Griff. Heute, 1995, versucht die Marke, mit einem neuen Superbike-Projekt Zugang zum internationalen Rennsport-Geschehen zu erzwingen.

Inzwischen hat sich die Sportsterklasse weltweit verbreitet und in vielen Ländern werden jetzt Markencups mit Harley Sportster ausgetragen. Wie schrieb doch die britische Zeitschrift Motorcycle Sport über die Klasse im November 1993: »Kameradschaft, Freundlichkeit und ein hoher Sportsgeist« – diese Worte beschreiben auch sehr gut das, was das Harley Rennengagement in den vergangenen acht Jahrzehnten ausmachte.

UNTEN:
Nigel Gale auf einer 883 Harley-Davidson in der beliebten Sportsterklasse. Das Werk hatte immer eine etwas unklare Position bezogen, da in der Produktpalette keine Supersport-Modelle zu finden waren und sind. Aber das hinderte die Enthusiasten nicht, selber die Initiative zu ergreifen.

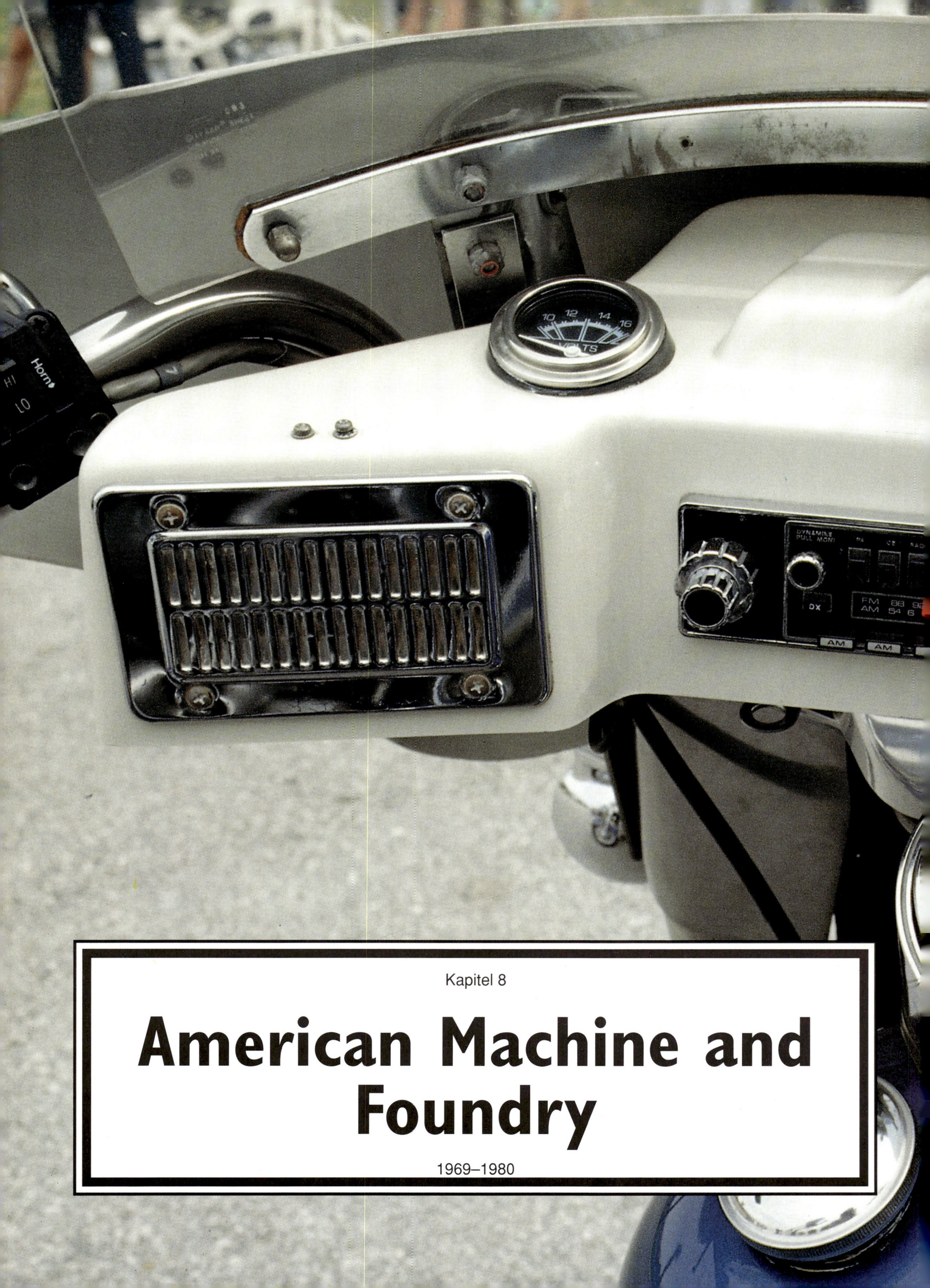

Kapitel 8

American Machine and Foundry

1969–1980

HARLEY-DAVIDSON
Fairing
OIL PRESSURE
MPH
Harley-Davidson
CHOKE
HIGH BEAM
FM

VORIGE SEITE:
Radio und Lautsprecher in der Verkleidung einer FLH. Die Verkleidung kam 1969 und wurde in der Kunststoff-Fabrik Tomahawk hergestellt.

RECHTS:
Eine Electra Glide mit Shovelhead-Motor aus der AMF-Era. Noch mehr Kunststoff.

Erinnern Sie sich noch die großen Harley-Davidson Exporterfolge in den zwanziger Jahren? Mitte der Sechziger belief sich der Verkauf außerhalb USA und Kanada jedoch nur auf drei Prozent der Gesamtproduktion. Diese Zahl wurde nach gängigen juristischen Prinzipien vor der Übernahme durch die »American Machine and Foundry« (AMF) bekanntgegeben.

Dieses Buch ist keine Wirtschaftsgeschichte, aber wir müssen hinzufügen, daß Harley-Davidson 1968 kurz vor dem Ruin stand, genau wie 1932. Diesmal lag es nicht an einer weltweiten Rezession, eher im Gegenteil, der Motorradmarkt erlebte einen riesigen Aufschwung. Die amerikanische Wirtschaft boomte, die Nachkriegsgeneration machte viele Dollars für Freizeitartikel locker. Nein, der Grund des Niedergangs lag in den ständig steigenden Importen von ausländischen Motorrädern, die den Marktanteil von Harley verringerten. Eine Nische fand die Marke nur noch bei den ganz großen Motorrädern, in den kleineren Hubraumkategorien gab es für sie nichts mehr zu bestellen. Die britischen, deutschen und italienischen Hersteller (ab 1960 auch die japanischen), das muß gesagt werden, gruben jedoch nicht nur Harley-Davidson das Wasser ab, sondern sorgten auch mit neuen Produkten für den Motorradboom. Wie Harley-Davidson hatte beispielsweise auch Yamaha die DKW RT 125 nachgebaut, die erste Maschine von Yamaha. In den frühen Sechzigern waren die Kleinmotorräder und die Roller von Yamaha in den USA wirtschaftlich gesehen nicht besonders erfolgreich. 1973 hatte aber die Marke eine komplette Reihe mit Motorrädern aller Hubraumkategorien, und die USA war der wichtigste Markt für den japanischen Hersteller: 24 Modelle, von der YB 50 und V 50 zu den RD 350 und DT 360, standen im Programm. Außerdem bot Yamaha auch Production-Racer an, neben Aermacchi der einzige Anbieter auf diesem Segment. Kurz gesagt: Harley-Davidson fehlte einfach die Vielfalt, um gegen Yamaha (und Honda, und Suzuki, und...) mithalten zu können. AMF übernahm die Kontrolle über Harley Davidson am 7. Januar 1969.

An dieser Stelle ist es an der Zeit, mit einem Mythos aufzuräumen, nämlich dem, daß AMF die Tradition und den Ruhm von Harley-Davidson völlig zerstört habe. Die Wahrheit ist, daß AMF die Marke nicht nur von finanzieller Ruin rettete, sondern mit hohen Investitionen auch den späteren Aufstieg in den Achtzigern möglich machte. Wenn AMF etwas vorzuwerfen ist, dann höchstens, daß man sich nicht genug auf das Produkt konzentrierte. 1972 lief die Herstellung im AMF-Werk in York, Pennsylvania, an. Motorräder und Getriebe, das Herz des Motorrads, entstanden immer noch in Milwaukee im alten Werk am Capitol Drive. AMF investierte großzügig in Maschinen und ein neues Fließband. Die angelegten 4,5 Millionen Dollar zeugten von den großen Hoffnungen, die AMF in Harley-Davidson setzten.

Was war aber mit dem alten Eisen selber? Es ist eine Sache, neue Maschinen in neuen Werksanlagen zu installieren, wenn das hergestellte Produkt selbst nur zweite Wahl ist. 1970 bekam die Sportster ein neues Design mit einer schwebenden hinteren Schutzblech-Sattel-Kombination. Die Neuigkeit gefiel nicht jedem, war aber ein Geschenk für die Zubehörindustrie und die Händler, die die alte Sitzbank noch am Lager hatten. Im gleichen Jahr fuhr Cal Rayborn mit einem windschlüpfrigen Projektil, CAD-berechnet und mit einem Sportster-Motor versehen, zu den Bonneville Salt Flats, zu einem neuen Weltrekordversuch. In der 60 Zentimeter hohen »Zigarre« kam er, auf dem Rücken liegend, für die fliegende Meile auf einen Durchschnitt von 429,57 km/h. Auf der Fahrt in die umgekehrte Richtung verlor er die Nerven und trat auf die Bremse. Man kann das schlecht kritisieren, da er nur durch die Seitenscheiben seine Richtung verfolgen konnte. Allerdings betrug deswegen die zweite gemessene Geschwindigkeit »nur« 425,10 km/h, der Durchschnitt aus den Fahrten in beide Richtungen stand bei 427,17 km/h an, trotzdem die höchste Geschwindigkeit, die je für ein Motorrad gestoppt wurde.

Zuwachs gab es in der kleinen Klasse: Mit der Aermacchi Baja erschien eine Geländemaschine mit 100 Kubik Hubraum, die bei Wüstenrennen

AMF Harley-David

Rechts:
Ein interessanter Prototyp, der nie in Serie ging: eine 250er Sportmaschine auf der Mailänder Ausstellung 1975.

Harley-Davidson

Sportster XLCH 1972

Noch heute in Produktion, fing die Bauserie mit der XLCH 1962 an.
Die Tradition erzählt, daß das »C« für »Competition« und das »H« für »Hot« stünde, was allerdings nicht stimmt.

Bezeichnungen	Keine
Motor	ohv V-Zweizylinder
Bohrung x Hub	80,7 x 97 mm
Hubraum	1000 cm³
Federung	Telegabel, Schwinge
Leistung	60 PS
Höchstgeschwindigkeit	170 km/h (angegeben)

Furore machen sollte. Die SR 100 gewann tatsächlich ihre Kategorie bei der Greenhorn-Enduro. Allerdings entwickelten die anderen Hersteller, insbesondere die Japaner, ihre Geländemaschinen, mit denen sie beim Baja-Rennen antraten, kontinuierlich weiter. Die Aermacchi dagegen wurde während ihrer fünfjährigen Bauzeit keinerlei Modellpflege zuteil. Harley-Davidsons kleinstes Motorrad war quadratisch ausgelegt und hatte 98,1 Kubik Hubraum. Ein anderes Modell, mit weniger Rennambitionen, aber mit größeren Chancen auf dem Markt, war die Rapido. Daraus wurde 1973 die TX, 1974 die SX und 1975 die SXT. Wenigstens waren sie billiger als die entsprechenden japanischen Modelle und die Reihe überlebte in der Produktion von 1968 bis 1977.

Wie unsere Geschichte schon gezeigt hat, ist das Motorrad nur selten ein Gebrauchsgegenstand gewesen. In den Dreißigern mag es auf der Farm als Pferdersatz gedient haben, aber danach war ein Motorrad fast ausschließlich Sport- oder Freizeitgerät. Was tut dann ein Motorradhändler in Seattle, oder sogar Quebec, wenn das Wetter das Fahren unmöglich macht? Die Antwort war tatsächlich in Quebec zu finden, Heimat von Bombardier Limited, dem Hersteller von Schneemobilen. Bald trieben Zweizylinder-Zweitakter von Harley-Davidson die von AMF erstellten Karosserien (noch ein Verwendungszweck für die Kunstfaser), und die Händler waren so auch über die kalte Jahreszeit beschäftigt. Die Idee starb langsam, brachte aber eine Weile Devisen ein, zwar nicht im gleichen Maße wie die Herstellung von Golfcarts, aber immerhin konnte ein Teil der enormen Produktionskapazität von Harley Davidson ausgelastet werden.

Zurück zu der Shovelhead. Die 1966 eingeführte Shovelhead hatte die gleiche Bohrung und Hub wie die alte 74 von 1941 (!), das Kurbelgehäuse blieb sogar bis 1969 unverändert. 1970 ging die Gleichstrom-Lichtmaschine in das Museum, stattdessen wurde ein Alternator eingebaut. Diese Modifikation machte außerdem größere Änderungen am Kurbelgehäuse notwendig. Gleichzeitig verschwand der Kickstarter, der jetzt allgemein nur noch als Notlösung angesehen wurde.

1971 konnte die Subkultur der Chopper-Brüderschaft nicht länger ignoriert werden. Wenn der Käufer so etwas wollte, sollte er es auch haben, da der Fulldresser vielleicht nicht Jedermanns Sache war. Und warum sollte das Werk eine ständig wachsende Käufergruppe einfach ignorieren? Es waren ja schließlich Produkte von Harley-Davidson, mit denen der ganze Rummel angefangen hatte. Das neue Modell sollte selbstverständlich nicht Chopper heißen, »Custom« hatte einen sanfteren Klang. Willie G. Davidson nahm Fahrwerk und Motor der FL und baute das Vorderteil der XL daran, so entstand die FX 1200 Super Glide. Sicher, die Alugabel war vielleicht weniger aufregend und weniger lang als einige, die man an der Westküste sehen konnte, und die Lackierung in Blau-Rot Weiß (»Sparkling America« in der Werksliteratur genannt) konnte keine Omas erschrecken, aber die fehlenden Fußbretter und der Kickstarter statt des Anlassers ließen die Umwelt wissen, daß es sich hier um eine »gestrippte« (oder so) Maschine handelte. Die Fußrasten kamen direkt aus der Chopperkultur, die längere Gabel zwang (oder erlaubte, wie man es sieht) eine zurückgelehnte Fahrposition – echt cool, echt choppermäßig, und das ab Werk!

Gleichzeitig wurde 1969 der Fulldresser-Look standardisiert. Die komplette Tourenausstattung der FLH umfaßte eine lenkerfest montierte Windsschutzscheibe, Koffer aus Kunststoff und ein Topcase hinten auf dem Schutzblech.

Die Super Glide war eigentlich das Resultat eines gewagten Spiels. Einerseits gab es da die ziemlich biederen FL und FLH, anderseits die Sportster, die mit leistungsstärkeren Mehrzylindern aus Japan und Europa konfrontiert waren. Die beiden Konzepte zu kombinieren und so eine direkte Konfrontation mit den ausländischen Sportmaschinen zu vermeiden, da vielleicht wäre noch eine Marktnische für ein

UNTEN:
Willie G. Davidson, Urheber der erfolgreichen FX, hat seinen Spaß, hier 1992 in Daytona.

GANZ UNTEN:
Cal Rayborn und die Weltrekordmaschine auf den Bonneville Salt Flats.

Harley-Davidson

FX Super Glide 1972

Mit Rahmen, Motor und Hinterradfederung der FL und dem Vorderteil der Sportster XL wurde dieses Modell der Urvater einer langen Reihe, die bald die Tourenversionen im Verkauf übertreffen sollte.

Bezeichnungen	Keine
Motor	ohv V-Zweizylinder
Bohrung x Hub	87 x 100 mm
Hubraum	1200 cm^3
Federung	Telegabel, Schwinge
Leistung	65 PS
Höchstgeschwindigkeit	175 km/h

Motorrad, das von der Ampel gut wegkommt, andererseits aber auch im Stadtverkehr ruhig lief. Und genau das bekam man hin. Die FX (aus FLH und XLH) hatte 1970 wie die Sportster eine Kombination von Schutzblech und Sitzbank aus Glasfaser. Diese Optik war nicht gerade günstig und wurde für 1972 gegen die normale Sitzbank wieder ausgetauscht. Die größten Modifikationen für 1973 umfaßten eine straffere Federung und eine Scheibenbremse. Ein Anlasser hatte das Modell nicht, und die Startprozedur war mit jenen Tücken verbunden, die damals zum Wechsel zum E-Starter geführt hatten. Die Idee war vielleicht nicht schlecht, da das Modell schließlich sportlicher als die Electra Glide sein sollte. Als aber 1974 ein elektrischer Anlasser (FXE) wahlweise erhältlich war, wählten zwei von drei Kunden diese Option. Mit einer Höchstgeschwindigkeit von 170 km/h und einem Gewicht von 250 Kilo – genau zwischen Sportster und Glide – lag das Modell genau richtig. 1976 wurde zum zweihundertjährigen Jubiläum der amerikanischen Unabhängigkeit die »Bicen-

LINKS:
Eine FLH von 1970, das Jahr, in dem der Shovelhead-Motor eine Wechselstromlichtmaschine erhielt.

UNTEN:
Eine sehr modifizierte 1979 Super Glide, Besitzer Rich Pierpont. Die Fat Bob vom Ende der Achtziger sollte noch weiter gehen, doch auch sie kann wahrscheinlich diesen Besitzer nicht zufriedenstellen.

tennial Liberty Edition FXE« in Metallic-Schwarz angeboten. Die FX sollte später den Fat Bob und Wide Glide Pate stehen. Im Nachhinein ist es erstaunlich, daß eine Mischung aus zwei so verschiedenen Modellen so gute Eigenschaften aufweisen konnte, nicht nur optisch, sondern auch in punkto Handlichkeit und Fahrverhalten. Vielleicht hat Willie G. Davidson (selber Motorradfahrer in der guten Tradition der Familie) das schon von Anfang an gewußt, vielleicht war das Testprogramm umfassender als sonst: Auf jeden Fall stellt die Super Glide einen Höhepunkt in der Harley-Davidson-Geschichte dar.

Zu dieser Zeit begannen sich auch die Auswirkungen der staatlichen Bestimmungen über Sicherheit und Emissionen bemerkbar zu machen. AMF hatte das nötige Geld, die Testprozeduren durchzuführen. 1978 überwanden dank des Ham-Can-Luftfilters die großen Zweizylinder alle Hürden. Zu den Feierlichkeiten zum 50jährigen Jubiläum des 74er Motors erhielt die Electra Glide eine massive, 255 Millimeter messende Scheibenbremse vorn. Harley-Davidson behauptete immer, ein Hubraum von 74 Kubikzoll wäre für einen großen Tourer genau richtig, und wer konnte bei einer 50jährigen Erfolgsgeschichte da widersprechen? Der neuerdings vorgeschriebene bleifreie Kraftstoff mit verringerter Oktanzahl schuf neue Probleme, die erst mit dem Evolution-Motor gelöst wurden. Die Sportster wuchs 1972 auf 1000 Kubik.

Und da war dann noch Aermacchi. 1972 erschien die SX 350, eine Geländeversion der

Harley-Davidson

SX 250 1975

Bei der SX 250 handelte es sich um die Geländeausführung der SS-250-Straßenmaschine.

Bezeichnungen	SS/SX 250
Motor	Zweitakt Einzylinder
Bohrung x Hub	72 x 60 mm
Hubraum	243 cm³
Verdichtung	10,3 : 1
Federung	Telegabel, Schwinge
Höchstgeschwindigkeit	120 km/h

OBEN:
Die SS 250 von 1975. Die Einzylinder-Zweitakter SS und SX wurden von 1974 bis 1978 produziert.

Sprint. Die 1973er Ausführung bekam einen Doppelschleifenrahmen und eine 12-Volt Elektrik. Zum Jahreswechsel 1972/1973 verloren die kleinen Modelle ihre Modellnamen, die jetzt durch eine Kombination aus Zahlen und Buchstaben ersetzt wurden. Aus der Rapido wurde TX 125: »Bevor Sie es wissen, sind Sie wo Sie sein wollen. In der Sonne, glücklich, Sie fühlen sich wie neugeboren.« Die SS 125 und die SXT 125 kamen 1975. Die SST 250 im Jahre darauf stellte die Weiterentwicklung der SS mit Scheibenbremse dar. Und die SST 125 von 1978 zeichnete sich durch eine ordentliche Verarbeitungsqualität aus, kein Vergleich zu dem, was einige frühere Modelle aus Italien da geboten hatten.

Besonders interessant sind die Rennerfolge, die durch die Zusammenarbeit zwischen Harley-Davidson und Aermacchi entstanden sind. Sie sind im Kapitel über den Rennsport erzählt, aber einige zusätzliche Punkte sollten hier erwähnt werden, alleine weil sie die Käufer von Harleys kleineren Modellen sicherlich beeinflußt haben. Die zweizylindrige Zweitakt-Rennmaschine RR 250 gewann unter Walter Villa 1974 bis 1976 drei WM-Titel hintereinander; Gary Scott konnte die 250er Klasse in Loudon mit der gleichen Maschine für sich entscheiden. 1977 gewann Villa auch den Titel in der 350er Klasse mit der RR 350. Die Motorräder verfügten über einige Komponenten von auswärtigen Herstellern, Girling-Gabel und Mikuni-Vergaser zum Beispiel. Sonst war aber das Motorrad zu 99 Prozent in Varese hergestellt worden – ein toller Erfolg, wenn man bedenkt, daß das Unternehmen nur wenig Tradition im Bau von Zweitaktern vorzuweisen hatte. Andere kleine Zweitakter wurden vorgestellt, wie die SX 175 1974 und die SS 175 1976. Zweitakter hatten es aber schwer, nicht zuletzt wegen immer strengerer Umweltbestimmungen in den USA. Motorräder haben keine Lobby...

Für die 200-Jahr-Feier der Vereinigten Staaten bereitete Harley Davidson nicht nur die FX Special vor, sondern ließ auch in einem Ballsaal in Daytona unter dem Motto »Salute to American Motorcycling« eine Rückschau auf 75 Jahre amerikanischer Motorradbau veranstalten. Die Ausstellung mit neuen und alten Motorrädern wurde zu einem jährlichen Ereignis. Auch die FLH Reihe bekam in diesem Jahr ein Sondermodell mit der Liberty.

1977 verfolgte Willie G. den Gedanken, der zur FX geführt hatte, konsequent weiter und stellte die FXS Low Rider auf die Räder, mit flachem Draglenker, Gußrädern und einer schicken Lackierung in Rot und Silber. Die Sitzbank war tief und erinnerte in ihrer Form an einen Formelrennwagen. Dank der radikal reduzierten Federwege hinten glitt der Fahrer in nur 60 Zentimetern Höhe über den Asphalt – eine rein optische Maßnahme. Die Low Rider verfügte außerdem über einen Sissy-Bar, aber auch einen elektrischen Anlasser.

Die Super Glide Fat Bob erschien zu Ende des Jahrzehntes und war noch ein Versuch, den Edelbastlern zuvorzukommen. Das Verb »bob« bedeutet so viel wie »alles abbauen, was nicht nötig ist, strippen«; »Fat« kommt von den Umbauten, die den dicken Originaltank (und oft die Räder) behalten durften. Harley-Davidson warb um neue Kunden und versuchte daneben, auch auf der Café-Racer-Welle mitzuschwimmen. Was sich dahinter verbirgt, ist nicht leicht zu definieren, es steht für eine Geisteshaltung, die Joy and Fun über alles stellt. Diese Kultbewegung entstand in der Rocker-Ära; die Bezeichnung steht eigentlich für Motorräder mit der Optik einer Rennmaschine. Die schwarze XLCR Café Racer war Harleys Beitrag zu dieser Mode, aber zu fremd und stand nur ein Modelljahr, 1973, im Programm. Wenn die Verkaufszahlen auch gering waren, so hatte das Modell doch Folgen: Das Fahrwerk – sein Rahmenheck stammte von der XR 750 Rennmaschine – wurde ab 1978 für alle Modelle der XL-Reihe verwendet.

In diesem Jahr wurde auch das 75jährige Jubiläum des Unternehmens gefeiert, und das nahmen Willie G., Vorstand John Davidson und andere Manager zum Anlaß, sich persönlich Händern und Kunden in ganz Amerika bei speziellen Harley-Treffen zu widmen. PR ist das richtige Wort dafür.

Rechtzeitig zu den Feierlichkeiten kam in Schwarz und Gold die Electra Glide. Sie trug nicht länger den 50 Jahre alten 74 Kubikzoll Motor, sondern einen mit 80 Kubikzoll. Die Hubraumaufstockung, diese 1340 Kubik, waren schon lange in der Planung. Die schrittweise verschärften Abgasnormen hatten die Leistung immer mehr beschnitten und der einzige Weg, die verlorenen Pferdestärken wieder zu gewinnen, bestand in einer Hubraumvergrößerung. Weitere technische Änderungen, und radikale dazu, änderten das Gesicht der Big Twins in den Achtzigern mehr als alles andere, was sonst noch in den Siebzigern passierte.

Die Wide Glide von 1980 gehört eigentlich in das folgende Kapitel, ist aber Teil der Baureihe, die Super Glide, Low Rider und Fat Bob umfaßt. Die 1340 Wide Glide Custom, FXWG, war eine Fat Bob mit verlängerter Gabel, hohem Lenker, weit versetzten Gabelbrücken, 21-Zoll-Drahtspeichen-Vorderrad, kleinem Sportster Scheinwerfer und kurzem Schutzblech hinten. Mehr Chopper konnte kein anderer Hersteller bieten. Die Wide Glide Custom war ein Hit, genau wie die FX von Anfang an. Die FX hatte in den Verkaufszahlen ja die FL und FLH überflügelt und dafür gesorgt, daß die FL aus dem Programm genommen wurde.

Die FX war Teil einer bewußten Kampagne, die selbständigen Zubehöranbieter in Schach zu

UNTEN:
Eine Sprint Trailbike von 1973, die SX 350. Die einzylindrige Viertaktmaschine von Aermacchi und die amerikanischen Zweitakter waren zuverlässige Motorräder, aber die Verkaufszahlen waren nie hoch, zum Teil auch deshalb, weil der jugendorientierte Offroadmarkt den Händlern fremd war. In jenem Jahr wurden zum Beispiel 2431 SX 350 verkauft, dagegen 10.825 XLCH.

Harley-Davidson

FLH 80 1978

Bei der Electra Glide wurde 1978 der Shovelhead-Motor von 74 auf 80 Kubikzoll vergrößert.

Bezeichnungen	Keine
Motor	ohv V-Zweizylinder
Bohrung x Hub	89 x 108 mm
Hubraum	1311 cm^3
Federung	Telegabel, Schwinge
Leistung	65 PS
Höchstgeschwindigkeit	145 km/h

MOTOR
HARLEY-DAVIDSON
CYCLES
Special Edition Electra-Glide
FLH

OBEN:
FLH 74 Electra Glide von 1976, ausgestattet mit den attraktiven Rädern des 1978er Modells.

VORIGE SEITE:
Special Edition Electra Glide.

halten. In der Werbung hieß es zu dieser Zeit:

Jeder kann eine Harley-Davidson aufmotzen. Nicht jeder macht es richtig.

»Zuviele Fahrer sehen den Kauf einer Auspuffanlage oder eines Sissybars, als kauften sie einen Stern für den Weihnachtsbaum. So lange er darauf sitzen bleibt, ist alles in Ordnung. Doch so einfach ist es nicht... Man schraubt nicht einfach irgendwelche Auspuffkrümmer an eine Harley-Davidson. Man paßt sie an. Perfekt. Damit sie ein Teil der Maschine werden... Jedes Harley-Davidson Zubehör – von Ölkühlern zu Highway-Rasten und Tourensätteln – gibt es bei jedem Harley-Davidson Dealer. Wenn Sie Ihre Harley aufmotzen, sollten Sie es richtig machen... Sie haben sich schon für eins der feinsten Motorräder aller Zeiten entschlossen... Jetzt sollten Sie auf keine Kompromisse eingehen... Teil eines Motorrads. Nicht Teile auf einem Motorrad.«

Die Ansichten dieses Textes wären wahrscheinlich kräftig von John E. Harley unterstützt worden. Der Manager der Unternehmensbereichs »Teile und Zubehör«, Sohn des Mitgründers Bill, verlor den Kampf gegen Krebs Ende 1976. Wie immer in der Tradition des Unternehmens folgte ihm sein Sohn John E. Junior, der erst ein Jahr zuvor in die Firma eingetreten war.

Wie früher erwähnt, endete die Zusammenarbeit mit Aermacchi 1978 und nach 30 Jahren gab Harley-Davidson den Bau kleiner Motorräder für immer auf. Die Firma in Varese gibt es heute noch – als Cagiva, heute einer der erfolgreichsten Motorradhersteller Europas.

1979 produzierte Harley-Davidson mehr als 50.000 V-Twins. Als AMF zehn Jahre vorher die Kontrolle übernahm, waren es knapp 15.000 Einheiten gewesen. Was man AMF vorwerfen kann, war die miserable Verarbeitungsqualität. Es besteht kein Zweifel, daß die italienischen Kleinmaschinen oft schlecht verarbeitet waren, doch auch die in York hergestellten Big Twins hatten sehr viel mit Garantieproblemen zu kämpfen. AMF hatte ein im Grunde unmögliches Unternehmen angefangen: die Massenproduktion. Allein die logistischen Probleme, Motoren und Getriebe von Capitol Drive nach York zu transportieren, sprachen dagegen. Was wichtiger war, sie wiesen zu hohe Fertigungstoleranzen auf, gleichgültig, wie viele japanischen Komponenten AMF einkaufte – ein weiterer Kritikpunkt. Und weiter: Selbst wenn es AMF gelungen wäre, eine reibungslose Massenfertigung einzurichten ist es doch mehr als fraglich, ob trotz Kostenreduzierung und geringerem Preis – was einen Großserienbau so mit sich bringt – die Nachfrage groß genug gewesen wäre. (Obwohl wir auch zugeben müssen, daß 50.000 Motorräder kaum in einer Dorfklitsche entstehen konnten.) Für einige mag es überraschend klingen, aber nicht jeder will eine Harley! Allein das setzt einer Verbreitung natürliche Grenzen.

Noch ein Wort zu den vielen Garantieproblemen: Erstens war die Elektrik bei mehreren Modellreihen unter aller Kritik. Zweitens entsprach das Finish nicht dem hohen Preis. Drittens stellten undichte Motoren noch immer ein Problem dar, die Kolbenringe waren viel zu schnell verschlissen. Einige diese Probleme sind die direkte Folge des Bestrebens, die Gewinne zu maximieren, und da sie das so deutlich merkte, wurden die Kunden sauer. Und nicht nur die: Auch die Händler klagten über die mangelnde Unterstützung durch das Werk.

Ein anderer Punkt betrifft den Vorwurf, AMF habe viel zu wenig Geld in die technische Weiterentwicklung investiert und so den Japanern das Feld überlassen. Das machte sich um so schlimmer bemerkbar, als AMF den Absprung machte, da keine Interessenten in den Kulissen warteten, um die Marke zu übernehmen. AMF hatte einfach Angst, ganz neue Baureihen zu konstruieren, denn wer konnte wissen, ob sich die hohen Maschinen- und Werkzeugkosten amortisieren würden?

Die Entwicklungsabteilung in der Juneau Avenue war während der AMF-Ära dennoch sehr aktiv, experimentierte mit Wasserkühlung und obenliegenden Nockenwellen. Und im ersten Jahr des neuen Jahrzehntes kamen auch neue Modelle, sie entstanden selbstverständlich nicht über Nacht. Daneben waren auch die Entwicklungsarbeiten für die Motoren der nächsten Generation voll im Gange. Andererseits sahen am Ende des Jahrzehnts sogar die Lederklamotten von Harley-Davidson völlig unmodern aus.

»Es gibt eine Sorte von Mann, der die Marke Harley-Davidson trägt. Jedes Mal, wenn er sich in den Sattel schwingt, brennt sie sich tiefer ein... in die Sorte von Mann, der auf unserem Leder steht.«

Wodrauf er sonst noch steht, ist unklar, aber wenn wir die Anzeige nehmen, wissen wir, daß der echte Harley-Mann auch Rollkragenpullover und einen martialischen Zapata-Schnurrbart trägt. So gerüstet, ging es ins neue Jahrzehnt.

UNTEN:
Eine Electra Glide von 1979 mit Vergaser und Luftfilter von S&S.

Harley-Davidson
Classic

Kapitel 9

Traum-Vau

Die Evolution

Harley-Davidson stellte 1980 drei – richtig, drei Stück – ganz neue Modelle vor. Erstens, die wichtigste Neuheit, die FLT Tour Glide. Die Optik war unverwechselbar, mit doppelten Scheinwerfern in der rahmenfesten Verkleidung. Das Getriebe verfügte erstmals über fünf Gänge, auch die Fahrwerksgeometrie war weitgehend geändert. Der Lenkkopf befand sich vor den Gabelbrücken, was fast den Effekt einer Servolenkung zur Folge hatte. Das Harley-Handling hatte sich im Vergleich zum Vorgängermodell, der FLH wesentlich verbessert. Konstruktionsbedingt verfügt eine V-Twin über eine unregelmäßige Zündfolge, was bei bestimmten Drehzahlen zu unangenehmen Vibrationen führen kann. Abhilfe schaffte die neue Motoraufhängung aus Elastomer (eine vorn, zwei hinten am Getriebe), welche die Vibrationen vom Fahrer fernhielten. Ein weitere, definitive Verbesserung stellte die neue V-Fire-Zündung dar. Außerdem war das Motorrad mit drei Scheibenbremsen ausgestattet und hatte eine voll gekapselte Sekundärkette. Der Benzintank war größer und faßte jetzt fünf Gallonen Kraftstoff, 22 Liter. Weil bei der FLH der Auspuff auch bei leichter Schräglage schon aufsetzte, wies die FLT eine größere Bodenfreiheit auf. Noch ein Wort zum neuen Fünfganggetriebe: das war schon längst überfällig gewesen, bei der FLT war der Fünfte als Overdrive ausgelegt. Größere Koffer und Topcase gehörten zur Serienaustattung. Beim Motor handelte es sich natürlich immer noch um den alten Shovelhead, der Rest aber war neu. Fahrgestell und Antriebspaket waren an diesem Modell besser aufeinander abgestimmt als noch bei der FL-Serie.

1980 wurde die Electra Glide Classic neben der normalen Electra Glide angeboten. Die Classic rollte entweder in Schwarz oder Creme vor, der 1300er Motor war Serie. Den alten 1200er Twin gab es 1981 nicht mehr. Der größere Motor war niedriger verdichtet (7,4:1 statt 8:1), was die Benutzung von unverbleitem Benzin erlaubte. Überarbeitet präsentierten sich Ventilsitze und Führungen, die Lichtmaschine war stärker.

1980 kamen mit der XLH und der XLS zwei neue Sportster – nur hießen die jetzt »Roadster«. Die XLS, eigentlich eine XLH mit verlängerter Gabel (und deswegen eine kleinere FX Low Rider), kam eigentlich schon 1979, wie auch die XLH, die wegen der kürzeren Federbeine und der niedrigerer Sitzbank den Spitznamen »Hugger« erhielt.

Jeder hat ja so seine Lieblinge, mein absoluter Favorit ist, neben der Knucklehead EL von 1936 (aus historischen Gründen), die Sturgis von 1980. Gut, technisch gesehen gab es schon bessere Harleys, aber diese Sturgis hat etwas ganz Besonderes: Sie ist eine Schönheit, und wer genau hinsieht, erkennt auch ein ganz neues Detail: Vaughn Beals und seine Entwicklungsabteilung wählten für Primär- und Sekundärantrieb zugleich einen Riemenantrieb. Die FXB (B für »Belt«, Riemen, nicht Batterie wie bei der FLHB) lief damit leiser und mit weniger Vibrationen. Der schwarze Lack mit orangen Zierlinien unterstreicht den bulligen Eindruck des Motors. Das Motorrad ist mit einer Sitzhöhe von 68 Zentimetern niedrig, und der flache Lenker ist hochgelegt. Die Höchstgeschwindigkeit bei diesem Modell lag nach Werksangaben bei etwa 170 km/h. Der elektrische Anlasser, ergänzt um einen Kickstarter, war Serie. Selbstverständlich gab es keinen Kettenöler. Wer dieses Motorrad nicht mag, sollte ärztliche Hilfe suchen.

Das dritte ganz neue Modell 1980 war die

VORIGE SEITE:
Die AFM-Ära war nicht so schlecht wie böse Zungen behaupten. Bis zur Übernahme durch die Geschäftsführung produzierte das Unternehmen Leckerbissen wie diese Electra Glide Classic. Und hätte die Marke ohne die finanzielle Unterstützung von AMF überhaupt überlebt?

RECHTS:
Die imposante FLT Tour Glide. Mit einem neu konstruierten Rahmen, leichterer Lenkung und fünf Gängen war sie gegenüber der alten FLH eine echte Verbesserung.

Tour Glide
AVON

Harley-Davidson

Sturgis FXB 1980

Die Sturgis war seit 1914 das erste Modell der Marke mit einem Riemenantrieb.

Bezeichnungen	Keine
Motor	ohv-V-Zweizylinder
Bohrung x Hub	89 x 108 mm
Hubraum	1300 cm³
Federung	Telegabel, Schwinge
Transmission	Riemen, primär und sekundär
Höchstgeschwindigkeit	170 km/h

Wide Glide, schon im vorigen Kapitel beschrieben. Aus diesem neuen Angebot leitete sich auch eine neue Einteilung des Modellprogramms ab. Die FLH (also die Electra Glide) gab es mit altem und neuem Motor, ebenso die 1979er Classic, obwohl die Basis-FL aus dem Programm verschwand. Zusammen mit den Polizeimotorrädern wurden nur etwa 7500 FLH produziert. Von der FXB Sturgis sind gelegentlich nur 1470 Stück zusammengeschraubt worden. Etwa 4500 der neuen FLT verließen das Fließband, so viele, wie von der neuen Fat Bob FXEF 80 entstanden. Dem gegenüber standen erstaunliche 6000 Wide Glide FXWG und kaum weniger Low Riders. Vom Basismodell Glide/Sportster FXE (E für elektrische Anlasser) entstanden 3169 Stück. Die 3000 Sportster, ab jetzt Roadster, zählten zu den XLS (das tiefgelegte Modell mit der langen Gabel), die XLH kam auf phantastische 11.841 Einheiten. (Alle diese Zahlen kommen aus dem Buch The Harley-Davidson Motor Company: *An Official Ninety-Year History* von David K. Wright.)

Es ist schwierig, diese Zahlen richtig zu interpretieren und ihre Bedeutung für die Finanzen von H-D zu bewerten. Die Sportster dominierten, sie brachten aber geringere Gewinne ein. Beschränken wir uns also auf die Aussage, daß die Nebenprodukte der FX-Reihe – Wide Glide, Fat Bob, Low Rider und Sturgis – eine sehr, sehr gute Idee waren. Und die Zahlen für 1981 zeigen, daß die FX-Modelle sich auf dem Markt weiter behaupteten, als die Glide und Sportster-Modelle weiter zurückgingen.

Wie dem auch sei: Die Zahlen waren für AMF nicht attraktiv genug. Am 26. Februar 1981

Sturgis
MOTOR
HARLEY-DAVIDSON
CYCLES

OBEN
Eine Enduromaschine auf Basis der XLH Sportster, extra für die Alligator Enduro in Daytona 1993 gebaut.

VORIGE SEITEN:
Die wunderschöne FXB Sturgis.

gab der Harley-Vorstand bekannt, das Unternehmen kaufen zu wollen. Der Vertrag wurde im Juni unterzeichnet, geführt von Vaughn Beals, der von AMF beauftragte Geschäftsführer der Motorradherstellung. Unter den Käufern befanden sich außerdem Willie G. Davidson und der Präsident Charles Thompson. Zur Feier des Tages wurde eine Sternfahrt von York nach Milwaukee organisiert, ihr Motto: »The Eagle soars alone«, der Adler schwebt allein.

Alle hier erwähnte Motorräder wurden auch 1981 gebaut, mit dem einen Unterschied, daß aus der FLT die Classic FLT mit gekreuztem Auspuffkrümmer wurde. Die Heritage, eine voll ausgestattete FLH 80 kam dazu, mit Ledertaschen im Fransen-Look und einem alten Ledersattel. Davon wurden nur geringe Stückzahlen produziert, aber das Modell hat trotzdem großen Symbolwert. Es stellt nämlich die Frage: »Was haben die neuen Besitzer eigentlich geerbt?« Die Antwort könnte lauten: »Eine ruhmreiche Vergangenheit – und nicht viel mehr.« Das Modell ist aber Vorläufer der späteren Nostalgiewelle, die Harley-Davidson brillant auszunutzen wußte.

Im ersten Jahr unter der neuen Führung liefen die Geschäfte in York und Milwaukee normal weiter. Die Probleme waren aber erheblich. Die Millionen aus der Schatztruhe von AMF standen nicht mehr zur Verfügung und eine weltweite Inflation ließen die Zinsen in die Höhe schießen. Die Auswirkungen der Ölkrise Mitte der Siebziger machten sich langsam bemerkbar. Japan hatte eine gewaltige Überproduktion an Motorrädern und die Lagerhallen in den USA waren voll von Motorrädern, die jetzt zu Dumpingpreisen angeboten wurden. Zum Glück für Harley-Davidson erwies sich Vaughn Beals als ein Geschäftsführer mit Überblick und genug Erfahrung, um das eigentliche Kapital der Marke voll auszuschöpfen: die große Markentreue der Kunden. Das Blatt wendete sich zu Gunsten von Harley-Davidson.

Die FXR Super Glide II erschien 1982 mit dem 1300er Motor und Fünfganggetriebe. Sie war die erste einer neuen Serie und hatte nichts mit einer abgespeckten FLT zu tun. Der Rahmen war leichter als bei der Tour Glide, aber viel verwindungssteifer. Das Vorderteil ähnelte dem der FX, das Fahrgefühl der Super Glide – und die Presse liebte sie. Die FXRS des gleichen Jahres hatte Gußräder, Highway-Rasten und Zweifarb-Lackierung. Auch den beiden Sportstermodellen XLH und XLS verschaffte der neue Rahmen Vorteile, er war noch einmal steifer und leichter. Wegen Abgasnormen sank die Verdichtung von 9:1 auf 8:1.

LINKS:
Die Wide Glide von 1990. Die Wide Glide, wie auch Fat Bob und Super Glide II stammen alle aus der Feder von Willie G. Davidson, dessen erste Cruiser-Entwurf als die Super Glide 1971 in die Annalen einging.

UNTEN:
Kaum wiederzuerkennen, eine FXSTC Custom Softail 1987. Ist da wirklich einen Evo-Motor drin?

OBEN:
Über Einsteigermodelle oder Motorräder für Frauen kann man kaum reden, nicht einmal bei den kleinsten Modellen, da eine Harley immer ein schwerer Brocken ist. Genau diese Größe ergibt jedoch eine gewisse Stabilität und auch ein Gefühl von Sicherheit im Vergleich zu den japanischen Superbikes.

RECHTS:.
Die Hugger von 1987 sollte vor allem die Damenwelt ansprechen, aber einige weigerten sich heftig, eine Sportster fahren zu müssen.

Und wieder war die Presse begeistert. Die Gewichtseinsparung war auch diesmal beachtlich. Trotzdem mußte das Werk einen Monat lang schließen, so lange dauerte es, die Lagerbestände aus der Überproduktion abzubauen. Arbeitsstellen gingen verloren, die Gehälter der Chefs eingefroren. Zum Schluß wurde die Produktion um 50 Prozent zurückgefahren. Das Unternehmen machte sich in Washington für erhöhte Zolltarife auf Importmotorräder stark, wie schon einmal 1951. Diesmal war den Lobbyisten allerdings Erfolg beschieden, alle importierten Motorräder über 700 Kubik unterlagen jetzt einem Zolltarif von 45 Prozent nach den ersten 6000 Exemplaren. Schrittweise sollte er dann, über die folgenden fünf Jahre, wieder zurückgenommen werden. Englische Motorräder wurden ausgenommen, da ihre Stückzahlen nur verschwindend gering waren. Das Ziel waren selbstverständlich alle japanische Marken. Ausgenommen waren auch die japanischen Motorräder, die sich schon in den USA befanden, zu der Zeit eine unglaublich hohe Zahl.

1983 nahm sich das Werk zweierlei vor, eine Marketing-Offensive, die zwar nicht besonders interessant, aber erfolgreich war; und eine Technik-Offensive, die leider danebenging. Die XLX-61 war nichts anderes als eine billige Sportster mit einem so niedrigen Preis, daß weder Käufer noch Händler Nein sagen konnten. Sie verkaufte sich sehr gut, und die Frage ist, wie viele Kunden in den Läden kamen, um sich den Billigheimer anzusehen und stattdessen einen Kaufvertrag für eine XLH, FLT oder (des Händler Traum), der FXRT, der neuen Sport Glide mit luftunterstützter Antidive-Federung unterschrieben? Sicherlich nicht viele, aber einige.

Das war die Marketing-Strategie. Jetzt die technische Seite: Die XR 750 hatte die AMA Dirtrennen in den Siebzigern völlig dominiert, und damals gab es schon Pläne für eine Straßenversion. Die Rennabteilung ließ sie jetzt Wirklichkeit werden. Die Aluzylinderköpfe der 1972er XR 750 wurden auf die Gußzylinder und das Kurbelgehäuse der XL 1000 gesetzt, mit einiger Mühe paßte die ganze Konstruktion dann in einen XL-Rahmen. Die endgültige Ausführung entsprach eigentlich einer XLX-61 mit XR-1000-Motor. Im Nachhinein ist klar, daß, ausgehend vom günstigen XLX Basismodell der hohe Preis der Sonderanfertigung nicht zu rechtfertigen war. Nicht einmal die 70 PS (aus den vermittels

OBEN:
Eine FXSTC Softail Custom von 1989.

GEGENÜBER:
Die XR 1000 war ein beeindruckendes Biest, aber ihre Produktionsgeschichte kurz. Dieses Exemplar ist mit dem 100-PS Rennkit ausgerüstet.

eines Tuningkits leicht 100 zu machen waren), nicht die 290 Millimeter Bremsscheiben, die beiden Dell'Orto-Vergaser oder Jay Springsteens Sieg in der BOTT-Klasse in Daytona waren genug, um die Kundschaft anzulocken. 1983 wurde die Produktion sang- und klanglos eingestellt.

Eine weitere Neuheit 1983 war die FLHT, eine FLT mit Fünfganggetriebe und vibrationsdämpfender Elastomer Motoraufhängung.

Jahrelang hatte Harley-Davidson gedroht, gegen die unerlaubte Verwendung des Markennamen vorzugehen. Anfang der Achtziger gab es unzählige Zubehör- und Ausstattungsartikel, die ungeniert (und ungefragt) den Namen von Harley-Davidson verwendeten. Beim Ausstieg von AMF hatte das Thema schon auf der Tagesordnung gestanden, aber die neue Führung unternahm zunächst nichts. Der 50prozentige Produktionsabbau und die Freisetzung des Personals zwangen das Unternehmen, gegen diese Markenpiraten (die ja keine Lizenz abführten) vorzugehen. Es hagelte Abmahnungen, wer nicht nachgab, wurde vor Gericht gezerrt und mußte zahlen. Harley Davidson hält noch heute ein Auge darauf. Sogar kleine Reparaturfirmen, die sich meistens mit Renovierungen und Tuningarbeiten beschäftigen (aber keine Vertragshändler sind), werden gelegentlich aufgefordert, den Harley-Schriftzug – und sei er auch nur handgemalt – von den Schildern zu entfernen. Sicherlich muß das Werk sein größtes Kapital, den Namen, schützen, auch wenn dabei vielleicht etwas über das Ziel hinausgeschossen wird.

1983 häuften sich Gerüchte, daß in York neue Modelle entstünden. Vaughn Beals hatten Rationalisierungen am Fließband eingeführt und vor allem versucht, das Inventar zu verringern. Große Lagerbestände können in Zeiten von Inflation tödlich sein, und ein großer Teil der Produktion hing von eingekauften Komponenten ab. Bisher wurden die Einkäufe in größeren Mengen durchgeführt, um Produktionsausfälle wegen fehlender Teile zu vermeiden. Andererseits hatte das Werk sowieso Kapazitäten abgebaut, da war es allemal besser, das in Vergasern und Gabeln gebundene Kapital freizusetzen. Das Management trennte sich ebenfalls von der Herstellung von Golfcarts, um sich auf den Kernbereich der Produktion zu konzentrieren, das Motorrad.

Das Geld wurde unter anderem in die Konstruktionsabteilung gesteckt. Dort wurde mehr Personal eingestellt, dort wurde investiert. Der Fairnis halber muß allerdings gesagt werden, daß schon seit sechs oder sieben Jahre ein großes Entwicklungsprogramm lief, jetzt aber mit noch einmal deutlich besserer Kapitalausstattung. Das trug Früchte, den Aufschwung, den Harley Davidson seit 1984 nahm, hat hier seine Wurzeln.

DIESE SEITE:
Ein persönliches Nummernschild ist nur eine der vielen Möglichkeiten, dem Motorrad eine individuelle Note zu geben. In Deutschland ist das so leider nicht möglich.

Es war klar, daß der Shovelhead ausgedient hatte und technisch jetzt überholt war. Die Japaner hatten den Markt für große Motorräder voll im Visier, die Honda Gold Wing von 1975 war ein erstes Beispiel. Der Vierzylinder-Boxer mit Kardanantrieb und 1000 Kubik Hubraum änderte in vielerlei Hinsicht die Geschichte des Motorrads. Sie wuchs von 1000 Kubik auf 1100 1981, dann auf 1200 im Jahr 1984. 1987 sollte das Modell zu einem sechszylindrigen Monster mit 1,5 Liter Hubraum mutieren – das außerdem in einem amerikanischen Honda-Werk gebaut wird. Yamaha zeigte 1981 den ersten V-Zweizylinder. Die 750 und 920 Virago mit ohc-Ventiltrieb spreizten die Zylinder im 75-Grad-Winkel, gerade genug Platz für die Vergaser. Im

Harley-Davidson

XR 1000 1983

Angeboten mit Rahmen und Anbauteilen der XLX konnte dieses Modell nicht genügend Käufer locken.

Bezeichnungen	Keine
Motor	ohv-V-Zweizylinder
Bohrung x Hub	81 x 96,8 mm
Hubraum	1000 cm^3
Drehmoment	9,8 kg-m
Leistung	70 PS in Serie, 100 mit Kit
Höchstgeschwindigkeit	240 km/h (Rennausführung)

Unterschied zu Harley-Davidson mußte Yamaha keine Rücksicht auf eine 80jährige Tradition nehmen und konnte so einen x-beliebigen Winkel aussuchen. Die Virago folgte ansonsten Harley-Davidsons Ideen in Design und Ausführung.

Die Markenloyalität sollte da Überlebenswichtig werden, da sich Nachfrage nach großen Motorrädern verringerte und die Konkurrenz schon große Marktanteile erkämpft hatte. Ein Teil der neuen Marketing-Strategie war die jährliche Ausstellung im Hilton in Daytona, wo sich Harley als Bewahrer amerikanischer Motorradbau Tradition präsentieren konnte. Diese Ausstellung, 1976 erstmals veranstaltet, fand im Rahmen der Bike Week statt. Außerdem wurden andere Veranstaltungen und Sternfahrten veranstaltet. Daneben wurde 1983 die Harley Owners' Group HOG ins Leben gerufen. Der Mitgliedsbeitrag beträgt 30 Dollar pro Jahr, wer eine neue Harley kauft, muß im ersten Jahr nichts zahlen. Ende der Achtziger gab es 100.000 HOG-Mitglieder weltweit, wohl der größte Markenclub überhaupt. 1983 wurde auch der neue Evolution-Motor angekündigt, der ab 1984 in allen fünf Modelle eingebaut werden sollte.

Bevor wir uns mit den Einzelheiten beschäftigen, sollten wir vielleicht kurz fragen, welchen Anforderungen eine neue Harley Generation gerecht werden sollte. Nun, zuerst war die Nachfrage nach leichteren und kleineren Motorrädern zurückgegangen. Harley Davidson baute große Motorräder und war dafür bekannt. Zweitens gab es einen Markt für solche Motorräder. Daß auch Honda jetzt große Maschinen herstellte, war der beste Beweis. Drittens war H-D nicht nur für große Motorräder bekannt, sondern vor allem für den V-Zweizylinder. Viertens, und sehr wichtig, die Kunden suchten nicht unbedingt modernste Technik oder Höchstleistung. Für das Werk war es daher unmöglich, einen modernen Multizylinder mit sportlichen Ansprüchen zu liefern. Natürlich, können hätte man wohl, auch wenn es viel Zeit und Geld erfordert hätte. Pläne dafür gab es auch schon, konzipiert war ein 500er (und aufwärts) mit Kardanantrieb und Wasserkühlung nach deutschem Muster (und Input). So ein Unternehmen hätte aber viele Kapazität gebunden, und das wäre zu Lasten der V-Twins gegangen. Und das wollte man nicht.

H-D blieb also beim V-Zweizylinder, verbesserte ihn aber in allen Punkten, und genau das wurde mit dem V2 erreicht. Neben der V2 wurde der Shovelhead auch 1984 weiter herge-

UNTEN:
Die FXRT mit der Antidive-Gabel, die zuerst bei der FXRS kam. Praktisch und geschickt ausgeführt.

LINKS:
FLHTC Ultra Glide Classic Tour Glide 1989, das erste Baujahr auch für die Electra Glide Ultra Classic.

OBEN:
Der schöne Tankdeckel auf Richard Johnsons Ultra Classic Tour Glide.

stellt und in der FLH Electra Glide Classic angeboten. Obwohl der V2 der eindeutig bessere Motor war, hielt das Werk am Shovelhead fest, teilweise um Lagerbestände abzubauen, aber auch um die Liebhaber der Glide nicht zu vergraulen.

Der V2 Evolution-Motor war ein 45-Grad-V-Zweizylinder. Er basierte auf der Kurbelwelle des Shovelhead und, was nicht unbedingt eine Sensation ist, dem Kurbelgehäuse der 80. Es war eine klassische Weiterentwicklung nach Art des Hauses, keine Neukonstruktion vom Zeichenbrett, oder in diesem Fall Computer. Da aber jedes Detail im Motor geändert oder überarbeitet worden ist, handelt es sich doch um einen neuen Motor. Die Aluzylinder mit Gußlaufbüchsen beispielsweise leiteten die Wärme besser ab; der Motor war leichter, stärker, wartungsfreundlicher und außerdem sauberer. Die Zylinderköpfe und Zylinder waren mit durchgehenden Stehbolzen an das Kurbelgehäuse geschraubt, was für einen festeren Sitz und weniger Deformation führte. Die kuppelförmigen Kolben wurden von flachen Mahle-Kolben ersetzt, die Brennräume vollständig neu bearbeitet und der Ventiltrieb modifiziert. Die elektronische Zündung war schließlich viel leistungsfähiger als zuvor.

Mehrere Modelle kamen im Genuß der neuen Technik, die FLT/FLHT/FLHTC. Wie schon erwähnt, erhielt die »H« fünf Gänge und einen gummigelagerten Motor; das »C« stand für ein Modell mit anderen Anbauteilen und eine nacktere Optik. Diese Modelle bekamen nicht nur den neuen Motor, sondern erhielten auch ein Antidive, wie es zum ersten Mal an der FXRS Verwendung fand. Ein neues Design gab es allerdings nicht, nur der Schriftzug »V2« prangte auf dem Unterbrecherdeckel. Mitten im Modelljahr kam eine hydraulische Kupplung.

Die FXRS/FXRT Glide-Modelle wiesen ebenfalls den V2-Motor und die neue Kupplung auf. Es gab im Programm außerdem die Sonderserie FXRDG, die Disc Glide mit schwarzem Tellerrad hinten und Sonderlackierung.

Den neuen Look für 1984, den Beginn der Nostalgiewelle, oder wie Willie G. sie nannte »New Nostalgia«, kennzeichnete die FXST Softail. Die Basis bildete eine Wide Glide mit V2-Triebwerk. Der größte Unterschied bestand jedoch in der Hinterradfederung. Zwei gasunterstützte Federbeine befanden sich horizontal unter dem Getriebe. Die Schwinge sah aus wie ein alter Starrahmen, die Aufhängung war unter dem Sattel versteckt. Technische Vorteile bot das natürlich nicht, es ging nur darum, die Maschine auf alt zu trimmen. So entstand dieses gelungene Motorrad, bei dem die Form der Funktion sich nicht unterordnen mußte, und trotzdem sehr gut

OBEN:
Viel mehr kann man nicht machen als auf dieser FXSTC Softail.

gelang. Die Konstrukteure hatten die Wahl zwischen Kickstarter und fünf Gängen, für beide fehlte der Platz. Selbstverständlich verzichteten sie auf den fünften Gang und verpaßte dem neuen Modell einen Kickstarter. Er gehörte schließlich zum Retro-Look, obwohl es den Ausdruck noch gar nicht gab. Die so entstandenen sauberen Linien, der offenliegende Motor ohne abdeckende Kunststoffteile, das hochgezogene hintere Schutzblech, alles erinnerte direkt an die Chopper aus den Fünfzigern.

Das Modell war der Verkaufsschlager 1984 und 1985. Sämtliche FX Modelle gingen übrigens jetzt besser als die großen Touringmodelle, in den inzwischen Honda mit der Gold Wing auch in den USA große Einbrüche erzielt hatte. Durch die Verlegung der Wing-Produktion nach Marysville, Ohio, umging Honda auch die hohen Zölle.

1985 wiesen auch die Baureihen FX und FT den Riemenantrieb zum Hinterradauf. Willi G. erspähte außerdem auch eine Lücke im Programm »seiner« Marke:

Warum nicht ein Motorrad bauen mit weniger Eigengewicht als die Sportster, ohne deswegen gleich zu einem direkten Leistungsvergleich mit den japanischen Konkurrenten anzutreten? Ein solches Motorrad konnte außerdem als Einsteigermodell dienen. Der V2-Motor war jetzt in seiner 1340er Ausführung gelungen und ausgereift. Das Resultat erschien 1986, der Evo-Motor mit 883 Kubik Hubraum. Flache Kolben und Aluzylinderköpfe, die neue Kupplung, neue Nockenwelle, hydraulische Ventilstößel und ein neues Schmiersystem verlängerten die Servi-

Harley-Davidson

Softail FXST 1898

Motor	ohv-V-Zweizylinder
Bohrung x Hub	88,8 x 108 mm
Hubraum	1340 cm^3
Verdichtung	8,5 : 1
Drehmoment	11 kg-m
Radstand	1684 mm

ceintervalle. Nur vier Gänge, für einen fünften fehlte wieder Platz. Dieses Problem wurde erst 1991 gelöst.

Und wie sah die neue Sportster aus? Niedrig, mit einem kleinen Tank, da das Fahrgestell von der XLX stammte. Sie sah aus wie eine Harley-Davidson, das heißt, sie ähnelte keinem der Konkurrenten in der gleichen Hubraumklasse. Kurzer Zeit später, noch im gleichen Jahr, war eine 1100er Version fertig. Der große Bruder lieferte 63 PS, zehn PS mehr als die kleine Sportster; noch später wuchs der Motor auf 1200 Kubik.

Bei aller Euphorie: Das Werk kämpfte immer noch mit finanziellen Problemen. Wenn man bedenkt, daß das hergestellte Produkt sehr kostenintensiv ist und sich außerdem im sogenannten Freizeitsektor bewegt (auf dem die Kunden, so der Gürtel enger geschnallt werden muß, am ehesten sparen), ist wohl eine vollständige Sicherheit niemals zu garantieren. Die Entwicklungskosten eines neuen Modells sind astronomisch, und es gibt keine Gewinn-Garantie. Vielleicht kein Wunder also, daß im Juni 1986 eine der Banken ihr Kapital weiter absichern wollte, was die Ausgabe neuer Aktien erforderlich machte. Eine weitere Schwierigkeit bestand in den verschärften Geräuschbestimmungen, was für 1986 zu neuen Auspuffanlagen führte.

Zu der FL Softail gesellte sich 1986 der Ableger Heritage Softail Classic, die FLSTC, mit zweigeteiltem Sattel und Nietenbesatz, mit Windschutzscheibe, Lederkoffern, Drahtspeichenrädern, Fußbrettern und einer gekapselten Gabel im FL-Look.

In die andere Richtung führte die Entwicklung der FLHS Electra Glide Sport, die leichter wurde, ein besseres Fahrverhalten und Schutzbügel vorn und hinten aufwiesen – allmählich konnte man die Spötter verstehen, die behaupteten: »Alle Harleys sehen gleich aus.« 1987 war das 30jährige Jubiläum der Sportster, und da Harley-Davidson nie einen Grund zum Feiern ausläßt, bekam die Evo Sportster mehr Chrom, den schwarzen Motor der FL-Reihe und selbst-

Unten:
FLSTC 1991. Das Dekor aus den Dreißigern steht der Maschine sehr gut.

Harley-Davidson

Heritage Softail Classic FLSTC 1989

Motor	ohv-V-Zweizylinder
Bohrung x Hub	88,8 x 108 mm
Hubraum	1340 cm^3
Verdichtung	8,5 : 1
Drehmoment	11 kg-m
Radstand	1592 mm

OBEN:
Die XL Hugger von 1989, aber hier verchromt und umgebaut.

verständlich einen neuen Lack in Orange und Schwarz wie die Sturgis von 1980. Zur Feier des Zehnjährigen erhielt die FXLR Low Rider einen hohen Lenker.

Erinnern Sie sich, wie Vaughn Beals und Willie G. sich der Öffentlichkeit und den Händlern zum 75jährigen Jubiläum stellten? Mister Beals hatte eine noch bessere Idee für 1987. Die 1984 eingeführten Schutzzollgebühren waren auf fünf Jahre befristet, aber jetzt teilte Harley-Davidson mit, man könne sie jetzt schon abschaffen. Wie jeder Gauner vom Kirmesplatz erzählen kann, ist Verkauf nur eine Frage des Vertrauens, und hier klang die Botschaft laut und deutlich durch die Welt: Bei uns ist alles bestens und wir sind bereit, jede Herausforderer anzunehmen. Zu der Zeit übrigens waren die Protektionsmus-Bestrebungen in den USA besonders stark, allerdings von Präsident Reagan bekämpft. Etwa gleichzeitig wurde Richard Teerlink, bis jetzt Finanzchef des Unternehmens, der Zauberer, der H-D über Wasser gehalten hatte, zum Präsident von Harley-Davidson ernannt. Er diversifizierte und erwarb die Holiday Rambler Company in Indiana, Hersteller von Wohnmobilen.

1987 kam die Hugger, eine tiefergelegte Version der 883 Sportster, für Fahrer mit kurzen Beinen und, der Werksliteratur nach, für Frauen.

1988 erhöhten größere Vergaser die Leistung und, typisch für das Retrostyling, die FXRS Low Rider trug wie 1977 eine Tankuhr auf dem Tank. Die Durchmesser der Sportster-Gabelrohre wuchsen, ebenso bei der FXR 1987/1988. Mehr Retro: Die FXST Springer Softail erschien mit einer modernen Version der alten Springergabel. Die Heritage Softail Classic und die Ultra Classic Electric Glide bauten das Nostalgie-Thema weiter aus.

Die Sportster erhielt 1988 zwölf Prozent mehr Leistung (Werksangabe), nachdem im Jahr zuvor der Motor statt 1100 Kubik 1200 Kubik aufwies.

1988 war es wieder Grund zum Feiern: Seit 85 Jahren war das Werk im Geschäft und zu der Gelegenheit kamen nicht nur neue Dekore, sondern auch die FXSTS Springer Softail. 1989 war das erste Modelljahr der Ultra Classic. Die Electra Glide Ultra Classic und die Tour Glide hatten beide einen Tempomat, eine Funksprechanlage sowie eine Stereoanlage mit 80 Watt.

Die letzte größere Neuerscheinung in der modernen Geschichte folgte 1991 mit der FXDB Sturgis. Die Sonderserie (1700 Stück) hatte den Rahmen von der Dyna Glide, schwarz und lang. Die Gabel war fast 84 Zentimeter lang und hatte einen Lenkwinkel von 32 Grad. Die verlängerten Lenkerbefestigungen (Risers), eine um zwei Zentimeter verlängerte Schwinge und minimale Federweg hinten machten vor allem etwas für das Image. Trotz der etwas verschlechterten Komfort gefiel die Optik den Käufern, sie griffen heftig zu.

Die FXDB Daytona wurde zum 50jährigen Jubiläum der Daytona Speed Week vorgestellt. Die Karosserieteile, eigentlich eine Dyna Glide, wurden mit Blau und leuchtendem Gold abgesetzt und die doppelte Scheibenbremse sollte endlich mit der größten Kritik Schluß machen: Die Bremsleistung. Es heißt ja, daß Harleyfahren eigentlich ganz okay ist, aber das Anhalten ein ausgesprochen langwieriger Prozeß. Auch die Daytona war eine Sonderserie, aber im folgenden Jahr, 1992, entstand daraus ein Serienmodell, die FXDC Dyna Glide Custom. Das Chassis der Dyna Glide war nicht nur optisch aufgefrischt. Die Neuen sollten die Optik der Low Rider aus den Siebzigern haben, aber in bezug auf die Fahrwerksqualitäten wenigstens mit der neuen Evo FXR mithalten können. Das einfache obere Rahmenrohr, die Gußverbindungen am Rahmen und die vibrationsdämpfende Motoraufhängung sorgten dafür, daß das auch erreicht wurde.

Die Heritage Softail war 1990 ein unerhörtes Motorrad – unerhört wenn man Motorradmodelle in der gleichen Preislage von der Konkur-

LINKS:
Die Springergabel, noch eine Geste für die „Neu-Nostalgie" 1988.

UNTEN:
Sonderserie Dyna Glide für das 50jährige Jubiläum von Daytona.

renz betrachtet. Vergleichen wir zum Beispiel eine Harley Davidson Fat Boy mit einer BMW K 1100 LT oder einer Yamaha GTS 1000 mit ihrer Achschenkellenkung, elektronischer Einspritzung und ABS. Betrachten Sie die Einarmschwinge der Vorderradfederung der Yamaha und vergleichen Sie dann mit dem tief heruntergezogenen, metallicsilbern schimmerndem Schutzblech der Harley. Sind sie wirklich aus dem gleichen Jahrzehnt? Gehören sie überhaupt zu der gleichen Welt? »Ja« auf die erste Frage, »nein, nicht unbedingt« auf die zweite. Die FLSTF Fat Boy ist ein weiteres Beispiel von Harleys konsequent verfolgter Modellpolitik: Solidität, Produktidentität, und Unmengen von Stahl.

Sicher hat die Yamaha hervorragende Eigenschaften durch ihr revolutionierendes Lenksy-

Harley-Davidson

FLHR Electra Glide Road King 1994

Zwei Extrascheinwerfer und ein kräftiger Schuß 50er Jahre Optik kennzeichnen dieses Modell.

Bezeichnungen	Keine
Motor	ohv-V-Zweizylinder
Vergaser	40 mm Mikuni
Bohrung x Hub	89 x 108 mm
Hubraum	1340 mm
Verdichtung	8,5 : 1
Trockengewicht	314 kg

LINKS:
Eine Heritage Softail in Gesellschaft einer ihrer Cousinen, der Lowrider.

stem, ein Beispiel modernster Technik im Computer-Zeitalter... Na, und? Allein die Bezeichnung »Fat Boy« beschreibt, worum es geht: Es ist kein Hochleistungsgerät, wenn man mit Leistung nicht diejenige Eigenschaften meint, die sich am besten für gemütliche Fahrten durch die Landschaft eignen. Die gelben abgesetzten Streifen oben auf dem chromblanken Motor, die kurzen Schalldämpfer, der Ledersattel – alles aus Freude an der Sache, Spielerei. Im Verkaufserfolg hat mittlerweile die Fat Boy Yamahas Spitzenprodukt weit abgehängt. Und es handelt sich tatsächlich um zwei verschiedene Kategorien. Sollte die GTS 1000 mit einer Harley konkurrieren, wären wohl die Tourenmodelle von H-D die nächsten Mitstreiter, aber für Harley-Fahrer ist die Yamaha keine Alternative, und wer auf neuer Technologie steht, kann sich im Sattel einer Maschine aus Milwaukee kaum wohlfühlen.

Und was haben wir jetzt? Viel, erstens die XLH 883, XLH 833 Hugger und die XLH 1200. Dazu kommen die Super Glide, Low Rider Sport, Low Rider Custom, Low Rider Convertible, Electra Glide Sport und Dyna Low Rider. Dazu die Softail Custom, Springer Softail, Heritage Softail Classic und Heritage Softail Nostalgia. Die Fat Boy, Dyna Wide Glide, Electra Glide Classic und Ultra Classic Electra Glide runden 1994 das Programm ab. Sie können in vier Kategorien eingeteilt werden, die XLH Sportster, die FXR, die FX (und FL) Softail und die FL King of the Highway. Hier gibt es etwas für jedermann, und einige Modellvarianten haben wir nicht einmal erwähnt.

Für Umbauten bildete in den letzten Jahren die FX die beliebteste Basis. Wer von einer FXR Super Glide ausgeht und noch etwas darauflegt, bekommt einen Motor in Schwarz und Silber, vorverlegte Fußraster, Tacho auf dem Tank und Drehzahlmesser. In gleicher Art kann die FXLR Custom mit nach hinten gezogenem Lenker, Vorderrad mit Drahtspeichen und Scheiben-Hinterrad geliefert werden. Die Convertible, daher der Name, ist mit abnehmbarer Windschutzscheibe und Koffern zu bekommen. Die Sport hat eine straffere Federung mit gasunterstützten Komponenten vorn wie hinten und ein völlig anderes Profil, nicht wie die Convertible, die eher für das langsame Dahingleiten gebaut ist.

Seit der Einführung der Dyna Glide und der Fat Boy konzentrierte sich das Werk eher auf eine Verfeinerung der Produkte. 1992 kamen überarbeitete Bremsanlagen, die die oft dramatische Verzögerungsarbeit weniger dramatisch machte. Außerdem bekamen 1992 sämtliche Verschraubungen eine neue Anti-Rost-Beschichtigung (wohl mit einem Schuldgeständnis zu vergleichen) und eine zusätzliche Lackschicht. Die Sportster genossen ab 1991 das Fünfganggetriebe und – wahlweise – den Riemenantrieb zum Hinterrad. Viel mehr Pflege ließ das Werk den Baby-Harleys nicht zuteil werden, wenn man die ständigen Bemühungen um Finish und Verarbeitungsqualität einmal außer Acht läßt.

Der 1340 Evo-Motor hat jetzt rekalibrierte Vergaser, um das das Kaltstart-Verhalten zu verbessern, der Ölfilter wanderte an die Vorderseite des Kurbelgehäuses. Stahlummantelte Ölleitungen waren neu für 1992, wie auch der neue Deckel der Ölpumpe. Interessanterweise hat Harley-Davidson auch noch heute mit dem ewigen Problem des V-Motors zu kämpfen: Wohin nur mit den Teilen für die Schmierung? Heute haben sämtliche FL-Modelle justierbare Gabel mit Antidive, Fußbretter und wetterfeste Koffer.

Harley-Davidson hat hart gearbeitet, sich in seiner Nische gegen seine Rivalen zu behaupten. Die beste Waffe waren immer gute Motorräder. Ein perfektes Beispiel ist die Road King von 1994, mal wieder eine Sonderserie, diesmal zum 90jährigen Firmenjubiläum. Das Modell hat spezielle Koffer, viel Chrom, eine Windschutzscheibe und Zusatzscheinwerfer. Kein anderer Hersteller könnte so ein Motorrad bauen. Die Anfangskosten wären viel zu hoch, und wer würde schon Milliarden von Yen in ein Abenteuer mit ungewissem Ausgang stecken? Ohne die 30 Jahre Erfahrung im E-Glide-Bau wäre das für Harley-Davidson auch nicht möglich gewesen. Die Road King wiegt 314 Kilo trocken, hat Duplex-Primärkette, eine Riemenantrieb hinten, Fat Bob-Tank und den elastisch aufgehangenen Evo-Motor. All diese Zutaten sind längst bekannt, und dennoch ist ein Motorrad entstanden, das Geschichte machte. Auch die FXDS Dyna Low Rider hat den Motor und die Bremsanlage der Road King, ist mit 281 Kilo allerdings etwas leichter. Außerdem hat Dyna Low Ryder einen flacheren Lenkungkopfwinkel und, im Gegensatz zu 1993, eine verbesserte Federung. In punkto »Nostalgie« liefert H-D mit der 1994 FLSTN Heritage Softail Nostalgia sein Meisterstück: mit Weißwandreifen und Schutzblechen der Fat Boy. Die klassischen Linien dieses Motorrads werden von einer wunderschönen perlgrauen und weißen Lackierung mit roten Zierstreifen unterstrichen.

UNTEN:
Eine FLSTF (steht das »F« für »Fett?) Die kurzen Shotgun Dämpfer sind Serie.

Wie schon gesagt, ist einer der Gründe für den Erfolg von Harley Davidson die breite Zubehörpalette. Sogar die FXR-Reihe wird von den meisten nur als Basis betrachtet, obwohl es tatsächlich einige technische Details gibt, die für jedes Modell individuell sind. Die Fotos in diesem Buch erzählen viel vom Customizing, eine Geschichte, die viel mehr beinhaltet als nur verchromte Kappen auf den Achsmuttern (oder die offiziellen *Easyriders*-Sonnenbrillen). Ein beliebiges Beispiel ist die Vorstellung einer Heritage Softail in der Zeitschrift *All American Heroes* in der November/Dezember-Ausgabe 1993. Das Motorrad sieht wunderschön aus mit seinem blauen Lack, den kleinen Schutzblechen und dem dünnen Sattel. Die größte Änderung ist ein in England gebauter Starrahmen. Und vielleicht sagt dieses Motorrad mehr aus über den Harley-Davidson- Enthusiasten als eine Traummaschine von Arlen Ness oder eine mit Nitro getriebenen Dragstermaschine: Denn dieser Besitzer hat ein Motorrad auf die Räder gestellt, das nicht nur alt aussieht, sondern auch alt ist. Das ist die absolute Krönung der Nostalgiewelle. In den Herzen aller Harley Fahrer lebt der Wunsch, nach dem letzten, dem ultimativen Motorrad, einem, das sonst keiner hat. Dieser Wunsch, und dem, was daraus alles entsteht (und entstand) ist vielleicht der schönste Aspekt in der langen Harley-Davidson-Geschichte.

OBEN:
Eine radikal umgestylte XCH 1200 Sportster, Baujahr 1993.
Wer die Custom-Philosophie verinnerlichen möchte, sollte versuchen, diese drei Grundsätze zu definieren: »Triple trees«, »Widowmakers« und »Goosenecking«.

Kapitel 10

Vollblutamerikaner

LIVE TO RIDE
RIDE TO LIVE
EAGLE-SPIRIT
HD

VORIGE SEITEN:
Der Evolution-Motor einer FXSTC Softail Custom von 1989. Der neue Motor ist ein klassisches Beispiel der amerikanischen Entwicklungsmethode. Der alte Shovelhead wurde neben dem neuen Motor das erste Jahr weiter gebaut.

RECHTS:
»Live to ride, ride to live«. Harleys in ihrem ureigensten Element – die Landstraße, die Sonne und weite Entfernungen.

Wer wissen möchte, wie die Marke Harley-Davidson sich ihre eigenen Motorräder vorstellt, muß sich nur die Werbeprospekte über mehrere Jahre ansehen. »Das Aussehen, das Amerika bedeutet«, hieß es Anfang der Achtziger. Man mußte allerdings den Text weiter lesen und die Modelle Wide Glide, Low Rider und Roadster identifizieren, um herauszufinden daß es sich nicht um Werbung aus den Fünfzigern handelte. Der Betrachter »sieht den Look...aller unseren Tanks, vom kleinen Peanut (gemeint ist wohl der tropfenförmige kleine Tank) bis zu dem der Fat Bob. Er fühlt es, mit dem zurückgezogenen Lenker und der einmaligen Sitzposition einer Harley. Und Chrom ist da, wo er sein soll, auf Metall...« Es folgt weitere Information über Speziallacke, aber weniger über die erwähnten Metallteile, außer daß sie verchromt sind. (Wir müssen bedenken, daß diese Werbung aus der Zeit vor dem Evolution Motor stammt.) Keine Leistungsangaben, keine Höchstgeschwindigkeiten, keine Verbrauchszahlen und sicherlich keine Preisangaben, was aber in der Werbung für Motorräder sowieso selten vorkommt. Es wird aber auch zwischen den Modellen nicht unterschieden, außer dem Styling. Selbstverständlich wird auch den Besitzerwechsel des Unternehmens mit keinem Wort erwähnt, was wohl gut verständlich ist.

Der Ausdruck »mehr als ein Motorrad« wird ständig wiederholt. Diese Art von Werbung steht in direktem Kontrast zu zum Beispiel der von BMW. Aus München wird das Produkt bewußt als Maschine definiert: Hier ist das Paket, ergonomisch gestylt wie bei der R 1100 RS mit ihrer zweiten ABS-Generation. BMW streicht heraus, daß viele Komponenten recyclungsfähig und umweltfreundlich sind, wieder in direktem Kontrast zu der Werbung von Harley-Davidson. Der BMW-Slogan »Freude am Fahren« kommt zwar vor, aber die technische Information rückt an die erste Stelle. Selten versucht die Werbeabteilung in München, Enthusiasmus für den bajuwarischen Lebensstil zu wecken. Sicherlich läßt auch H-D die Welt wissen, wenn technische Neuigkeiten zu vermelden sind. Die Hydra-Glide und der Evolution-Motor sind nur zwei Beispiele dafür, und oft werden in der Werbung auch technische Informationen vermittelt, aber die meiste Zeit geht es um Gefühle.

Schon früh in der Werksgeschichte hatte das Unternehmen diesen Weg eingeschlagen und ihren Kunden erzählt, daß es sich um »mehr als eine Maschine« handelte. 1927 hieß es über die 74: »Verbessert in vielen Einzelheiten, aber keine großen Abweichungen von der altbewährten Konstruktion«. Und 1974: »Süße Träume. Jetzt sind Sie groß genug, um all das zu tun wovon Sie geträumt haben, im Sattel einer Harley-Davidson X 90... The Great American Freedom Machine.« Freiheit und Träume, keine computergestylte Fahrgestelle. Und das ist der springende Punkt.

Wieviele Menschen haben, oft vergebens, versucht, die Faszination von Harley-Davidson Motorrädern zu erklären? Die Marke ist so Ur amerikanisch wie Coca-Cola oder Cadillac, wie Big Mac und Kaugummi und ist ein Symbol für die amerikanische Lebensphilosophie. Nämlich daß die Welt groß, das Land weit und die Freiheit grenzenlos ist. Alles ist möglich – Harley-Davidson hat jedenfalls alles getan, um seine Produkte in eine Linie mit jener legendären Pioniertradition (gewürzt mit einem guten Schuß

RECHTS:
Eisen aus Milwaukee, verchromt bis zur letzten Schraube. Individuelles Gestalten ist ein Schlüsselwort in der modernen Geschichte von Harley-Davidson.

Patriotismus) zu stellen. Besonders stark in diese Richtung lief die Werbung in den Zeiten der britischen Zweirad-Invasion in den Fünfzigern und dann wieder, als die Japaner auf den Markt kamen.

Nun, wenn die Marketingleute solche Gefühle wecken wollten, heißt es nicht, daß die Käufer sich so einfach überreden ließen und deswegen der Marke ein Leben lang die Treue hielten. Noch unbefriedigender sind die Erklärungen, die von Amateurpsychologen oft aufgestellt werden, daß es sich bei der Faszination von Harleys meistens um ein Machokomplex handelt.

Eines haben alle Erklärungen gemeinsam: Sie stoßen auf sehr wenig Verständnis unter Harley-Fahrern. Es gibt zwei Gründe dafür. Erstens, daß alle Erklärungen nur quatsch sind. Zweitens, daß das Erlebnis an sich, eine Harley zu besitzen und zu fahren, sehr persönlich ist, auch wenn die Gemeinde sich oft zu gemeinsamen Veranstaltungen trifft und das Erlebnis an sich mit einer Gruppe verbunden ist, wenn auch exklusiv. Die

Möglichkeit, das eigene Motorrad persönlich zu gestalten, aus gesundem wirtschaftlichen Egoismus vom Werk sogar unterstützt, kann für den Fahrer zur persönlichen Unabhängigkeitserklärung werden. Doch keine Theorie kann erklären, warum ein 18jähriger Junge in London von einer nackten Sportster mit Screamin' Eagle Nockenwelle träumt, während gleichzeitig ein 50jähriges Mitglied der HOG Houston, Texas, nach jeder Sonntagsausfahrt seine FLHT Electra Glide auf Defekte überprüft.

Belassen wir es bei der Feststellung: Die Menschen sind verschieden, die Harley-Faszination ist nicht minder individuell. Das Phänomen läßt sich nicht erklären, und das Wort »Kult« ist zu wenig – auch wenn es so etwas wie eine Harley-Kultur gibt. Die Tätowierungen, die Zeitschriften, die Clubs, von den Vietnam Veteranen zu den Outlaws, alle sind Beispiele dafür.

Oscar Wilde behauptete, jeder Mann solle entweder ein Kunstwerk schaffen oder selber eins werden. Der Milliardär Malcom Forbes fand einen dritten Weg: er kaufte es. Er erwarb in seinem Leben 50 Harleys und erwartete dabei wohl etwas mehr als ein Transportmittel für die tägliche Fahrt ins Büro. Seine Kaufentscheidung hatte ästhetische Gründe. Er hatte gern ein paar

LINKS:
Sogar der Bär am Koffer hat etwas rockerartiges an sich.

UNTEN:
Eine Softail im Originalzustand, wie das Werk sie gebaut hat.

GEGENÜBER:
Clark Gable, ein großer Schauspieler – in jederì Beziehung. Auch er war auf einer Harley bestens aufgehoben.

RECHTS:
Schönes Dekor einer Wide Glide.

Harleys um sich herum. Man muß vielleicht ein Experte in plastischer Kunst oder mindestens einen brillanter Designer sein, um zu erklären, warum die Proportionen einer Harley, jeder Harley, so ausgewogen wirken. Ich bin weder das eine noch das andere. Ich behaupte, daß es am Motor liegt, der nicht unter Stahl oder Kunststoff versteckt ist, wie das oft bei anderen Motorrädern der Fall: Dieser Motor diktiert die Linien des Motorrads. Die Kopien von Yamaha, Suzuki, Honda und wie sie alle heißen haben da keine Ähnlichkeit. Millimeter für Millimeter kann man die Unterschiede herausfinden. Der ganze Unterschied besteht dann vielleicht aus einem Luftfilterdeckel, der einige Millimeter kleiner ist oder einer Gabel mit einigen zusätzlichen Zentimetern. Und der Unterschied ist vielleicht nicht einmal am Tankemblem festzustellen: Wie bei jedem Kunstwerk wird man automatisch zum Original greifen.

Die Harley-Kultur beruht auf der Produktidentität, bewahrt und kultiviert über Jahrzehnte. Wie der Vertreter W.D. Vandiver es ausdruckte: »Große Sprüche können mich nie überzeugen oder zufriedenstellen. Ich bin aus Missouri, man muß es mir zeigen.« Die Flathead, die Panhead, die Knucklehead, die Shovelhead und die Evolution tun alle gerade das. Der Motor zeigt was er hat, und worum es geht.

RECHTS:
Weckt dieses Foto Angst oder nur Neugier? Hell's Angels 1966.

Zweitens ist der Harley-Kult für Jedermann offen. Keiner bleibt außen vor. In New York hat 70 Prozent aller Harley-Kunden einen Universitätsabschluß. Das Durchschnittsalter der Käufer neuer Harleys liegt bei knapp unter 40 Jahren. Wäre die Marke als Teil einer Jugendkultur vermarktet, hätten die »Rubbies« – Rich Urban Bikers – den Sprung in diese Richtung nicht gewagt. Und hätte der Ruf der Marke unter den oft zwielichtigen Aktivitäten der Outlaws ernsthaft gelitten, hätten wohl Ärzte und Rechtsanwälte ihr Herz für einen anderen Hersteller entdeckt. Und diese Neureichen stören überhaupt nicht den Hinterhofbastler, den Wochenend-Rennfahrer oder den Anwärter auf den Stuhl von Sonny Barger, der berühmte erste Präsident der Hell's Angels.

Der italienische Importeur von Harley-Davidson bezeichnete die Verkaufszahlen für 1993 als »un miracolo«, als Wunder, und bezeichnete die Wachstumsrate größer als die von Fiat. Im gleichen Jahr beschrieb Kawasaki den italienischen Markt als »nerissimo«, rabenschwarz. Doch gibt es neben dem Flair der Marke und der Fähigkeit der Harley-Szene, alle, Gute und Böse zugleich, aufzunehmen, noch eine weitere Erklärung für die weltweite Verbreiterung des Harley-Kults? Die Werbung, aber auch Berichte in Zeitschriften

OBEN:
Große Motorräder in der Großstadt von Tokyo. Harley-Fahrer vor einer Demonstration für Verkehrsrechte.

und Büchern, spielen da ganz sicher eine nicht unerhebliche Rolle. Die hauseigene Zeitschrift *The Enthusiast* wurde 1916 gegründet, als ein Hilfsmittel nicht nur um Kunden, sondern auch Händler anzulocken und zu halten. Gleichzeitig baute Arthur Davidson ein landesweites Netz von Vertretern auf, das keine andere Aufgabe hatte, als die Händler zu betreuen. Und zu überwachen.

Es gibt jedoch Grenzen. Nicht alles kann das Werk mit Werbung kontrollieren oder beeinflußen. Erst in den letzten Jahren – nach der Einführung der Evolution-Generation – nehmen Motorradzeitschriften die Marke als Motorradhersteller ernst. Davor war Harley-Davidson leichte Beute für jeden kritischen Kommentar. Oft blieb es nicht dabei, gerade in Europa gab es oft nur Hohn und Spott für die Marke aus Milwaukee. Das Werk feilte dieweil unverdrossen am eigenen Mythos, mittlerweile gibt es Publikationen, die nichts mit dem Werk zu tun haben, sich aber nur mit dieser einzigen Marke beschäftigt. Klar, daß nicht alle diese Titel vom Werk gern gesehen werden, aber Harley-Familie kennt, wie gesagt, viele Facetten. Die Variationen zum gleichen Thema scheinen unbegrenzt. Fotoberichte über umgebaute Harleys sind nie gleich, aber immer gleich interessant, Woche für Woche. Sicherlich hat Suzuki mehr Modelle in seinem Programm als Harley Davidson, man kann sich aber nur schwer vorstellen, daß eine Markenzeitschrift Erfolg hätte. Nicht einmal die Besitzer würden sie Monat für Monat kaufen. Harley-Davidson hat einen festen Platz in der Motorradpresse gefunden, eben weil es einen Harley Kult gibt – und weil dieser Kult von der Presse gefüttert wird.

In Portland, Oregon, hat die Polizei ein Schwein angeschafft, das nach Drogen schnuppert. Wie es heißt? Harley natürlich. »Hog« bedeutet in Amerika auch »Schwein« und ist gleichzeitig der Spitzname für eine Harley. Das interessante ist, daß dieses Schwein die ganze Welt kennt, dabei gibt es wirklich nicht viele Harley-Davidson auf der Welt. Und trotzdem streckt sich das Revier des Harley-Adlers über alle Grenzen, weit vom Werk hinaus und abseits von Rennstrecken und Highways.

Die glücklichen Besitzer der neuesten Modelle haben nicht gerade Kleingeld für ihre Maschinen bezahlen müssen. Haben sie deswegen weniger Spaß als der Engländer Nigel Mills? Seine Geschichte erklärt vielleicht das Harley-Phänomen nicht ausreichend, ist aber eine Erinnerung daran, daß eine Mythos vielen Formen kennt.

»Ich wurde der stolze Besitzer einer Harley-Davidson durch Zufall – buchstäblich. Meine sehr geschätzte Yamaha MX 175 DT Enduro war nach näherer Bekanntschaft mit einem Ford Cortina indisponiert und ich suchte einen Ersatz. In den Kleinanzeigen fand ich eine Harley-Davidson SR 90 für 75 Pfund. Der harte Winter im Derbyshire Peak Distrikt wehte mir um die Ohren, als ich nach Dronfield Woodhouse fuhr, um mir die Maschine anzusehen. Sie stand seit zwei Jahren draußen, geschützt nur von einer Plane. Wir wischten den Schnee weg und ich entdeckte festgegangene Bremse und zwei platte Reifen. Der schwarze Lack dagegen glänzte und die Gabeldichtungen waren ganz. Sogar der Chrom war einwandfrei, ohne Blasen. Die Optik war okay mit nur einigen Rostflecken, die meisten auf der Schwinge. Nachdem die Batterie aufgeladen war, startete der Motor beim ersten Versuch. Ich bezahlte schließlich nur 25 Pfund. In der Garage meines Vaters zerlegte ich das Motorrad und kontrollierte alles. Die Bremse waren schlecht. Die Beläge hatten sich wegen der Feuchtigkeit gelöst, aber die Trommel waren unbeschädigt. Sie wurden instand gesetzt und funktionierten danach einwandfrei. Der Lack konnte schön aufpoliert werden, besonders auf dem Tank, ebenso alle verchromten Teile. Als sie fertig war, sah die kleine Harley wunderbar aus und die Hauptuntersuchung verlief einwandfrei. Die SR 90 war leicht zu fahren, konnte aber in Kurven leicht wibbelig werden, wahrscheinlich wegen des hohen Schwerpunkts. Sie hatte eine ganz eigene Note, mit ihrem Straßenlenker, dem typischen Tank, der Sitzbank und den Reifen, dem hoch eingebauten Motor, der die Bodenfreihet einer Trialmaschine gab. Total zuverlässig, sprang sie immer an auch bei zwölf Minusgraden. Eine störende Eigenschaft hatte sie: Zwei Federn hielten den Auspuffkrümmer fest, der einfach in den

UNTEN:
Electra Glide Classic voll ausgestattet für Touren: Verkleidung, Koffer und Anhänger. Tut dem Motor gar nichts.

OBEN:
Der Film »Electra Glide in Blue« zielte ganz auf den Harley Mythos ab. Als der Mann am Ende von seiner Harley geschossenì wird, scheint das Motorrad in alle Ewigkeit weiterzulaufen.

RECHTS:
The King, Elvis Presley mit dem damaligen King of the Highway, der Duo-Glide.

Auslaßkanal eingesteckt war. Stand das Motorrad lange im kalten Wetter, sammelte sich dort Kondenswasser, und beim Anspringen knallte es dann fürchterlich. Wie ein primitiver Panzerschuß, fünfzehn Meter die Straße herunter. Oft mußte ich aufgeregte Fußgänger beruhigen, bevor ich – eine Fummelarbeit – mit einer Zange die Feder wieder einhakte. Das einzige andere Problem, das erwähnenswert ist, war, daß der Motor bei leerem Haupttank sofort ausging, ohne Vorwarnung. Auf Reserve umschalten und raus mit der Kupplung, dann sprang er sofort wieder an. Sehr schnell weckte die SR 90 gewisse Begehrlichkeiten, und eines Abends im Pub bot mir ein Sammler 300 Pfund für die Maschine, bar auf die Hand. Juristisch gesehen war mein Vater der Besitzer, ich versprach aber am nächsten Abend mit einem Bescheid zurückzukommen. Und am nächsten Tag wurde das Motorrad gestohlen. Von einem verrückten Vandalen. Als er die Maschine zurückließ, bearbeitete er sie mit Ziegelsteinen und Hammer. Die Polizei berichtete, der Zylinderkopf war heruntergerissen worden, das Kurbelgehäuse zersplittert, der Rahmen krumm und der Tank nicht mehr zu erkennen. Ich habe nicht einmal die Teile abgeholt. Ich fühlte mich noch schlimmer, als der Sammler mir später erzählte, er hätte sogar bis zu 400 Pfund gegeben. Die Versicherung zahlte nachher 125 Pfund, aber es stellte sich heraus, sie war eine von nur zwölf in Italien gebauten H-D, die nach England kamen. Später kaufte ich eine nagelneue Honda CX 500, aber es war nicht das gleiche.«

Natürlich nicht.

Und wie sieht dann die Zukunft für eine Marke wie Harley-Davidson aus?

In der Rennszene machte die neue VR 1000 Superbike 1994 Schlagzeilen, in dem Jahr von Miguel duHamel gefahren. Daß die Maschine schon in der ersten Saison in direkter Konkurenz

MCB
FXRS

mit Yamaha, Kawasaki, Honda und Ducati um die Spitzenplätze fahren konnte, hat unter Kennern für Staunen gesorgt. Die beiden dritten Plätze in Amateurrennen lassen allerdings keine genaue Prognose zu, wie weit Harley-Davidson mit seinem altbewährten Konzept zu gehen bereit ist. Sicherlich wird die Marke kein Motorrad in direkter Konkurrenz zu Hondas RC 45 bauen, eine Supersportmaschine mit Tuningkit für die Rennstrecke.

Egal wie, große V-Zweizylinder werden auch in Zukunft als Hintergrund oder Staffage für mehr oder minder bekannte Persönlichkeiten dienen dürfen, darin besteht kein Zweifel.

»Wir bauen nicht irgendetwas weil die Nachfrage, der Markt, da ist. Mit unserer Technologie können wir diese Nachfrage aufbauen, schaffen. Angebot schafft Nachfrage.« Diese Worte stammen nicht von Richard Teerlink, sondern von Soichiro Honda. Trotz dieser kühlen Überlegenheit japanischer Großunternehmen und des gewaltigen technisches Potentials brauchte Harley-Davidson nur fünf Jahre unter der neuen Regie, um Honda als Marktführer auf dem Sektor der großen Motorräder in den USA abzulösen. Und keiner hätte vorher auf Harley gesetzt, die Chancen schienen zu ungleich verteilt.

Es gibt ein altes japanisches Sprichwort: »Wer sicher von Makurazaki im Süden reisen möchte, soll sich über die Schulter schauen, nach Wakka-

GEGENÜBER:
Mickey Rourke und Don Johnson in »Harley-Davidson and the Malboro' Man«.

UNTEN:
Der berühmteste Film von allen: »Easy Rider« mit Dennis Hopper und Peter Fonda. Noch 25 Jahre später dient der Film als das Symbol für Freiheit – und für Harley-Davidson.

OBEN:
Evel Knievel schien für Harley-Davidson in den frühen Siebzigern der ideale Werbeträger zu sein. In seinen Shows war er früher Triumph gefahren, wechselte aber dann zu einer XR. Alsbald sorgte er allerdings für schlechte Schlagzeilen, was seinen Wert als Symbol minderte: In einem heftigen Streit mit einem Ex Manager diente ein Baseballschläger als schlagendes Argument. Der Manager hatte ein wenig schmeichelhaftes Buch über den Motorrad Akrobaten geschrieben.

UNTEN:
Vor dem Start zu dem Miller 500 Stockcar-Rennen auf dem Ontario Speedway 1971 schaffte Knievel 19 Autos. Schade, daß er das nie mit einer FLH versuchte...

nai im Norden, und sich die schon überstandene Fallen überlegen.« Es besteht kein Zweifel, daß Harley-Davidson sich dieses Sprichwort zu Herzen genommen hat, besonders wenn man bedenkt, wieviele Hindernisse das Unternehmen in seiner langen Geschichte zu überwinden hatte. Die Verwandlung einer Hobbywerkstatt zu einem Unternehmen, das in nur wenigen Jahren zehntausende von Motorrädern herstellte konnte nur gelingen, weil gleichgesinnte und talentierte Brüder und Freunde die Initiative im richtigen Moment ergriffen. Die Expansion der Autoindustrie, von Henry Ford angeführt, in den Zwanzigern und die danach folgende Wirtschaftskrise wären beide genug gewesen, die kleine Motorradgesellschaft in die Knie zu zwingen. In diesem Fall gelang es den Besitzern, das Produkt weiterzuentwickeln und erfolgreich zu vermarkten. Den erfolgreichen Jahren im Zweiten Weltkrieg folgte natürlich ein Rückgang im Verkauf, später

LINKS:
Arnold Schwarzenegger mußte zwangläufig im Laufe seiner Karriere auf Harley-Davidson stoßen: »Terminator 2«.

RECHTS:
What's love got to do with it? Tina Tuner freut sich auf die Preisverleihung der International Music Awards 1993, scheint aber als Harley-Fahrerin eher unglaubwürdig.

erwuchs auch härtere Konkurrenz. Wieder waren es die großen Zweizylinder, die das Unternehmen ein um's andere Mal aus der Krise zogen und die immer wichtigeren Exportmärkte eröffneten.

Die Lösung von AMF 1981 schien zunächst waghalsig. Die 13 Führungskräfte wußten jedoch, daß das Unternehmen einen loyalen Kundenkreis hatte (und hat), ein Kapital, von dem andere Hersteller nur träumen können. Diese 13 hatten auch die nötigen Visionen – und im entscheidenen Moment dank der Umstellung des Produktionsverfahrens auch das nötige Bargeld. Gleichzeitig bekam jeder Mitarbeiter einen engeren Kontakt zu dem Produkt. Im Großen und Ganzen gehören jetzt Beschwerden über mangelnde Qualität der Vergangenheit an. Die Produktivität verdoppelte sich zwischen 1981 und 1991, der Marktanteil verdoppelte sich ebenfalls, der Export verdreifachte sich. Sicherlich liegt dem Erfolg auch die Einführung einiger Arbeitsmethoden der japanischen Industrie zugrunde.

RECHTS:
Bis heute hat man nur wenige Harleys auf dem Roten Platz in Moskau sehen können. Der Vietnamveteran David Scott Barr hat beide Beine verloren und fährt mit seiner FLH um die ganze Welt – auch nach Moskau, wo er Anweisungen durch einen Polizisten erhält.“

RTL

OBEN:
Carlton Six von den Chicago White Sox erhält endlich das Geschenk, das er sich immer gewünscht hat: Am 22. Juni 1993 wurde er bei seinem 2226sten Spiel, ein neuer Rekord, geehrt.

RECHTS
Zwei Wochen vor der Wahl, 20. Oktober 1992. Der damalige Governeur Bill Clinton weiß, was er in Milwaukee zu tun hat: Sich auf eine Harley setzen und lächeln!

Für das Produkt hat Harley-Davidson allerdings nichts von Japan kopiert. Die Marke bleibt ein amerikanisches Symbol. Keinem anderen Hersteller ist es gelungen, eine Road King zu bauen.

Es reicht jetzt mit Fakten und Zahlen, da die niemals das ganze Bild erklären können. Der Text auf dem T-Shirt ist wohl bekannt: »Harley-Davidson. Wenn ich erklären muß, wirst du es nicht verstehen!«

Attitude Is
Everything!

Kapitel 11

Sturgis und andere Partys

MOTOR
HARLEY-DAVIDSON
CYCLES

Ich fragte einen Veteranen des Motorradtreffens Sturgis über seine Eindrücke dieser spektakulären Ansammlung von Motorrädern. Hier folgt mehr oder weniger die ungekürzte Version von einem Fahrer, der am liebsten anonym bleiben möchte. Für einige ist seine Erzählung womöglich etwas zu poetisch, aber jedem sein Geschmack.

»Katharsis (Reinigung, Läuterung) wieder. Es ist Anfang August und meine FLSTC Heritage Softail Classic rollt mit 65 Meilen die Interstate 90 runter. Mein Ziel? Sturgis, South Dakota und das Black Hills Motorcycle Classic. Der Weg ist weit, aber alles andere als kurvig, Meile um Meile des schnurgeraden Teerweges lassen meine Gedanken wandern.

Ein blödes Grinsen überzieht mein Gesicht als ich mich an meiner ersten Harley erinnere, eine Sportster von 1976. Das Horn eines Peterbilt führt mich zurück in die Gegenwart zum Donnern des Zweizylinders. Zeit für einen Kaffee in Chamberlain, tanken und dann ab über den Missouri River.

Weiter, Presho vorbei, und ich bewundere den tiefen Chrom auf der Gabel. Die Straße rollt unter dem fast unsichtbaren Glimmer des rotierenden Vorderrades vorbei. Ich sehe mich um. Die grüne Landschaft von South Dakota streckt sich von Horizont zu Horizont weiße Wolken schmücken den blauen Himmel, wie von einer gigantischen Hand extra dorthin plaziert. Ich fahre Motorrad in Cinemascope. Nach einem Stop in Wasta habe ich genug gegessen und getrunken für die letzte, schnelle Etappe durch Rapid City bevor ich den Interstate an der Ausfahrt 32 verlasse.

Allein bin ich nicht. Hunderte von Harleys, Honda Gold Wing und Aspencade – das japanische Gegenstück des amerikanischen Wohnmobils – und eine Auswahl von BMW K 100 und Kawasaki Ninja, alle fahren sie langsam Junction Avenue vorbei Richtung Main Street. Wenn es Montag ist, sind wir in Sturgis!

Die eine Seite der Main Street im ersten Gang auf und die andere runter zu fahren ist ein Egotrip erster Wahl. Und der kann sich bis spät in die Nacht hinziehen. Absperrungen werden von schweren Kerlen bewacht. Sie sehen zu, daß nur Motorräder hereinfahren.

Selbstverständlich sind die Harleys in der Mehrzahl, aber auch die japanischen Vier sind reichlich angetreten. Yamaha Virago sind besonders populär. Klassische britische Motorräder, besonders Triumph (Siehe da, eine Trident!) ziehen immer einige Schaulustige an. Und die Leute! Tausende von Menschen in Lederklamotten finden nicht alle Platz auf dem Bürgersteig, sie strömen auf die Straße. Begleitet vom Bollern der V-Twins versuchen Heerscharen von Verkäufern ihre Ware loszuwerden, alles von polnischen Würsten zu Tickets für ein ZZ-Top Konzert oder einem Ölwechsel für das Motorrad. Eine neue Kette für deine '39er Knucklehead? Wer sie in Sturgis nicht findet, kann aufhören zu suchen.

Um einen ziemlich alten Spruch abzulassen: Main Street ist einfach Hog Heaven. Hier fahren breite Jungs Wide Glides und richtig schwere Kerle Fat Boys. Es gibt sogar kleine Menschen auf Low Rider Custom. Wie immer ist es fast unmöglich, zwei mehr oder weniger identische Harleys zu finden. Ein Lottogewinn kommt schneller. Vielleicht eine persönliche Note für das Motorrad, wenn wir sowieso gerade hier sind? Pinstriping für den Tank wird am Straßenrand ausgeführt. Alle, Gute und Böse, drehen ihre

RECHTS:
Main Street, Sturgis, South Dakota, 1992.
Diese von der AMA sanktionierte Veranstaltung fand 1938 zum ersten Mal statt.

CITY OF STURGIS Welcomes You to STURGIS RALLY & RACES

Runden auf der Main Street, Piloten, Ärzte, Lehrer, Zahnärzte, Anwälte, Brummifahrer, Polizisten (in Uniform und zivil), Rocksänger, Versicherungsvertreter und so weiter. Wenn das kein Pfarrer ist, da drüben auf der 72er Electra Glide, werde ich meine Ledertaschen fressen. Nach der Ehrenrunde ist es Zeit, zu der Anmeldung zu gehen.«

Hinter diesem jährlich wiederkehrenden Ritual verbirgt sich eine schriftliche Anmeldung, dann wird mit einer Stecknadel auf einer Karte der Heimatort lokalisiert. Die meisten Pins sitzen schon rund um Los Angeles, Denver, Kansas City, Milwaukee (selbstverständlich!), New York, St. Louis, Wichita und Winnipeg. Die meisten Besucher wohnen über 1000 Meilen entfernt, einige stammen sogar aus Miami, und das ist mehr als doppelt so weit. Für manche ist diese jährliche Reise fast selbstverständlich.

Wer als Fahrer oder Beifahrer nach Sturgis kommt, kommt automatisch in die Wertung bei einem Wettbewerb in einer der folgenden Kategorien:

1 – Ältester Fahrer aus den USA.

2 – Ältester Fahrer aus Kanada.

3 – Fahrerin mit der längsten Anreise aus Kanada.

4 – Fahrer mit der längsten Anreise aus Kanada.

5 – Fahrerin mit der längsten Anreise aus den USA.

6 – Fahrer mit der längsten Anreise aus den USA.

7 – Fahrerin mit der längsten Anreise aus dem Ausland (nicht Kanada).

8 – Fahrer mit der längsten Anreise aus dem Ausland (nicht Kanada).

Die Sieger erhalten vom Veranstalter Pokale. Im Rallye Hauptquartier erfahren wir, daß die Veranstaltung schon 1938 existierte. Der Indian-Händler J.C. »Pappy« Hoel in Sturgis organisierte für den örtlichen Verein »Jackpine Gypsies« in jenem Jahr eine zweitägige Rallye und ein Rennen unter AMA-Sanktion. Trotz den Nachwirkungen der Wirtschaftskrise kamen 80 Teilnehmer aus Deadwood, Lead und Rapid City in das

Wenn diese Fotos keine Laune bringen, sollten Sie dieses Buch wieder zuklappen und zurückbringen. Kleinere Veranstaltungen finden überall auf der Welt statt, aber 200 Motorräder sind nichts gegen die Massen in Sturgis. Die meisten hier abgebildeten Harleys sind Evo-Modelle, doch auch ältere Maschinen sind häufig anzutreffen.

Bob's
IOWA

verschlafene Städtchen. Nach der Ankunft schlugen sie ihre Zelte im Hof von Pappy und Pearl auf der Junction Avenue auf. Den ersten Tag entdeckten sie die schönen Umgebungen der Black Hills. Am zweiten Tag wurde ein Rennen auf der Galopprennbahn Sturgis Fairgrounds zwischen hochfrisierten Harleys und Indians ausgetragen. Hier ging es hart zu und Stürze waren unvermeidlich. Der Geist dieser ersten Veranstaltung ist noch heute zu spüren.

Danach wird das Nachtlager gesucht. Glücklicherweise ist das in Sturgis keine schwierige Aufgabe. Mehrere billige Zeltplätze sind vorhanden und die meisten haben Dusche, Toilette und Abwaschmöglichkeiten. Viele sind auch mit einem Lebensmittelladen ausgestattet und bieten Live-Musik. Wer die Zeiten mit 24-Stunden-Feiern hinter sich hat, sollte sich vielleicht zuerst umhören, bevor er sein Zelt auspackt. Der Hog Campground fünf Meilen nördlich des Dragstrips an der Highway 79 hat nicht nur Schatten sondern ist auch einigermaßen ruhig. Hier wird nur Harley geredet, bis spät in die Nacht: »Siehst du die da? Ich wette die Glide hat mehr Lampen als die Brooklyn Bridge!« Einige Kommentare sind natürlich nicht druckreif.

Es spielt übrigens keine Rolle, ob man Mitglied der Harley Owners Group (HOG) ist oder Ladies of Harley: Ein Trip zu der Harley Davidson Travelling Show in Rapid City muß sein. Mit 62 Prozent Marktanteil im Segement der großen Motorräder in den USA gesegnet und einer schier unglaublichen Markentreue der Kunden (von der andere Hersteller nur träumen können) getragen, müßte Harley sich um seine Kundschaft kaum bemühen, aber Kundenbetreuung wird in Milwaukee eben groß geschrieben. In der Rushmore Plaza Center sind alle neue Harley, Zubehöre und Leder zu bewundern. Und die wunderhübsche Miss Harley-Davidson. Wer sich an sie heranmacht, muß unbedingt ein Gespann haben, da ihre Mutter sicherlich auch mitkommen möchte.

Die Ladies of Harley haben ihr eigenes Programm, mit unter anderem Service-Schulungen, einer Schatzsuche und zuletzt auch einem Workshop für Leder- und Nietenarbeiten. Wer seine Mitgliedskarte im HOG Hospitality Room schwenkt, bekommt ein freies Frühstück und dann Informationen über den nächsten Ausflug im Programm. Die angebotenen Waren sind eine große Versuchung, aber die meisten bleiben standhaft und kaufen sich nur ein T Shirt. Draußen im Sonnenschein findet die mobile H-D Show statt, dazu, Gesellschaftsspiele, Live-Musik, ein Poker Run – eben alles, was alles was zu einer Großveranstaltung gehört. Mit seiner

Rushm
OFFICE
Bob's Family Restau
Bob's
KODAK
FILM SOLD HERE
ICE
TREAT
↓HERE↓
KODAK
60% OFF

RECHTS:
Der unverkennbare Willie G. Davidson, in Sturgis wahrscheinlich öfter fotografiert als die Motorräder.

schwarzen Baskermütze ist Willie G. Davidson leicht zu entdecken, er findet immer die Zeit, ein paar Worte mit Besitzern und Enthusiasten zu wechseln.

Erstaunlicherweise kann man hier, wenn die Appetit schon geweckt ist, keine Probefahrt machen, nur in Sturgis, neben dem Super-8 Motel bei Ausfahrt 30 der Interstate. Selbstverständlich ist jeder bereit, einen ganzen Tag zu fahren, um einmal das Bein über die neue FLHTCU Tour Glide Ultra Classic zu schwingen, den König unter Motorrädern.

Die Black Hills von South Dakota sind der perfekte Rahmen für ein Motorradtreffen. Die Ausflüge gehören zu den populären Aktivitäten und locken jedes Jahr mehr Teilnehmer. Eine der leichtesten ist die Northern Hills Tour, die sich nordwestlich längs der Interstate 90 schlängelt. Die Ausfahrt ist an der Highway 14 und bald kommt der Höhepunkt der Fahrt ins Sichtfeld, Devils Tower, ein offenliegender, fast 300 Meter hoher Vulkanfelsen, gut 1500 Meter über Meereshöhe. Fans von Steven Spielberg werden den Felsen wiedererkennen. Die etwas längere Rückfahrt nach Sturgis führt nördlich über den Highway 24 nach Hullet, dann ostwärts über Aladdin in Wyoming, wo kluge Teilnehmer sich in dem uralten Laden von 1890 einen kühlenden Drink besorgen.

VORIGE SEITE:
Electra Glides, Wide Glides, Sportsters. Und was ist das für ein Motorrad in Braun und Weiß, das gerade aus dem Bild verschwindet? Eine Rarität aus den Fünfzigern oder eine nostalgische Lackierung?

RECHTS:
Etwas mehr Eagle Iron Silber auf dem Motorrad und etwas mehr Chrom im Bart mögen im Lauf der Jahre dazugekommen sein, doch die Leidenschaft ist heftig wie am ersten Tag.

Die Ähnlichkeit zwischen einem Harleyfahrer und einem Cowboy auf seinem Pferd ist in dieser Umgebung schwer zu übersehen. Man sitzt im Sattel und die Packtaschen könnten genausogut auf einem Mustang passen. Die damaligen Revolverhelden und Cowboys erlebten den gleichen Drang nach Freiheit und Unabhängigkeit. Sturgis erlaubt den Fahrern die Möglichkeit, die Freiheit der offenen Natur der Black Hills zu erleben – wie damals. Calamity Jane ist keine Erfindung Hollywoods, sondern existierte tatsächlich. Sie hieß Martha Jane und lebte in Deadwood Gulch, einer Stadt, die praktisch über Nacht im Goldrausch entstand.

Seit Calamity Janes Zeiten wurde der Name auf Deadwood verkürzt, aber abgesehen davon hat sich wohl wenig geändert. Einige Häuser sind mehr als hundert Jahre alt und man erwartet fast James Butler, als Wild Bill Hickok besser bekannt, durch die Schwingtür des Saloons treten zu sehen. Im Bell Union Teater wurde Jack McCall für den Mord an Hickok freigesprochen, neun Monate später jedoch bei einer zweiten Verhandlung verurteilt und in Yanktown gehängt. Cowboys hatten keine Parkplatzprobleme, wer die Verbotsschilder aber heute übersieht, kann mit einer Strafe von hundert Dollar rechnen.

Sturgis ist auch der ideale Ausgangspunkt für

UNTEN:
Motorräder aus Kalifornien und Connecticut vor dem Mount Rushmore. Diese Tour ist nicht nur unter Sturgis-Teilnehmern sehr populär.

einen Besuch bei Old Fort Meade, unweit von General Custers letztem Lagerplatz 1874. Außerdem empfehlen sich die Southern Hills Ride und die Eastern Ride; bei letzterem Ausflug sind die imposanten B-1 Bomber der Ellsworth Air Force Base zu sehen. Das favorisierte Ziel aller Sturgis-Novizen ist der Mount Rushmore, und jeder Fotograf weiß zu erzählen, daß die beste Zeit, ihn zu fotografieren, der frühe Morgen ist, wenn die Sonne direkt auf den Felsen scheint.

Rennen gehört eben zum Bild der Sturgis Rallye. Der Black Hills Speedway in Rapid City und Sturgis Fairgrounds veranstalten Rennen zu den nationalen und regionalen Meisterschaften im Dirt Track für klassische Rundbahnmaschinen. Der Jackpine Gypsies Club Grounds ist Schauplatz für Kurzstreckenrennen und eine TT für Veteranenrenner. Wer sich keinen Platz entgegen der Windrichtung beschafft, bekommt vom Bergrennen nicht viel mit – außer Staub. Freitagnacht fahren die Profis um die nationale Meisterschaft der 600er Klasse auf dem Club Grounds. Die Ausweisfahrer fahren meist Harley-Davidson oder Woods, alle mit 600er Einzylinder-Rotaxmotoren. Die größte Aufmerksamkeit genießen jedoch die Dragsterrennen auf dem Sturgis Dragway, ausschließlich mit Harleys, offen für Straßenmaschinen aber auch für nitrogetriebene Spezialmaschinen.

Gegen Ende der Rallyewoche treffen sich die Gläubigen bei der Rat's Hole Custom Bike Show, organisiert von Karl »Big Daddy Rat« Smith. Die Show war bis 1987 eine regelmäßige Attraktion der Daytona Speed Week und zeigt beste Handwerkskunst auf zwei Rädern.

Ende der Siebziger traf Willie G. auf einer riemengetrieben Lowrider ein, zum Vergnügen der versammelten Menge. Neben dem offensichtlichen Wert solcher Werbung dient Sturgis auch als Testumgebung für zukünftige Modellentwicklungen. Aber es geht nicht nur um Sturgis. Inoffizielle Treffen finden überall statt, einige in Kneipen oder gewöhnliche Restaurants. Einmal sah ich zwei Sportster vor einem sehr teuren Restaurant in Jokkmokk im nördlichen Schweden, direkt am Polarkreis. Ist das auch als Treffen zu betrachten?

Die dritte europäische HOG-Rallye fand in etwas wärmeren Umgebungen statt, in Bosbadhoeven in Holland. Flatheads, Knuckleheads, Panheads, sogar Servicars konnten unter moderneren Modellen hier bewundert werden. Einige davon waren von amerikanischen Soldaten, die

RECHTS:
Das unverkennbare Profil einer Harley von vorn. Vielleicht ist es Freitag Abend und die Shorttrack-Rennen fangen bald an.

OBEN:
Eierpflücken bei der Am Jam in New York State 1991. Die Aktivitäten sind nicht auf Sturgis und Daytona beschränkt.

Ganz oben:
Die populärsten unter den Rennmaschinen in Sturgis sind die Dragster.

in Europa stationiert sind, gefahren. Und wieder war Willie G. zur Stelle, mit ihm Vizepräsident Clyde Fessler. Sein Sohn Bill Davidson war ebenfalls in der Menge zu sehen. Eine gemeinsame Tour mit 1500 Motorrädern, eine Versteigerung zugunsten des Harley-Davidson-Fonds zur Bekämpfung Multipler Sklerose MS, ein großes Festzelt, Freibac... Was kann man sich mehr wünschen?

In den USA ist wohl die Daytona Speed Week neben Sturgis die größte Veranstaltung für Harley-Fans. Es scheint, als hat sich keiner die Mühe gegeben, die Besucher exakt zu zählen, es handelt sich jedoch sicher um etwa 250 000 Menschen. Ein Teilemarkt, die Harley-Ausstellung im Hilton Hotel, Probefahrten, natürlich die Rennen und einige zusätzliche Aktivitäten, die nicht alle von Harley-Davidson sanktioniert sind, gehören mit dazu. Die Tatsache, daß in der Woche sich nicht nur alles um Harleys dreht, wissen die meisten gar nicht.

Noch ein Beispiel: Man könnte ein Treffen nach dem anderem auf der ganzen Welt aufzählen, aber es handelt sich im Grunde nur um das Gleiche: Einzelne Motorräder zu bewundern und die Verbindungen zwischen den Teilnehmern aufrecht zu halten. Wir gehören zu Milwaukee, auch wenn wir niemals westlich von München oder London waren, und auch wenn unsere Motorräder von den Euronormen geschwächt sind – wir gehören dazu.

Andere Treffen dieser Art sind klein, wenn sie mit Sturgis verglichen werden. Rechnen wir aber jede kleine Veranstaltung auf der Welt mit, sei es in Schweden, Frankreich oder Deutschland, dann sieht es anders aus. Zusammen machen sie einen beachtlichen Teil des gesamten Exportmarkts aus. Und wenn die Teilnehmer vorbeidonnern, stehen Schaulustige am Straßenrand und warten geduldig auf die Kolonne, nur um den Klang zu genießen.

RECHTS:
Parade zu Ehren von Harley-Davidsons 90jährigem Jubiläum. Die Schlange führte vom Stadion zum See in Milwauke. Schätzungsweise 25.000 Maschinen nahmen daran teil.

Kapitel 12

Daytona

VORIGE SEITE:
Anführer der Parade zu Hog Heaven in Daytona 1993.

RECHTS:
Was man früher Full Dresser nannte, rollt in die Stadt hinein zu der Bike Week in Daytona.

Über Daytona wird in anderen Teilen dieses Buchs viel erzählt, doch die enge Beziehung zwischen Daytona und Harley Davidson sollte vielleicht näher beschrieben werden. Die Rennwoche in Daytona illustriert nämlich zum Teil die Erfolge und die Mißerfolge der Marke. Jim Dunn beendete mit einer Harley das 200-Meilen-Rennen 1975 auf der 17. Position, kein schlechtes Resultat, da in jenem Jahr 17 der 20 Fahrer auf Yamaha unterwegs waren. Für Yamaha war das nur ein Sieg von vielen zwischen 1972 und 1992. Für Harley-Davidson war 1975 das letzte Mal, daß man unter den ersten zwanzig kam – nach einer mehr als 30 Jahre währenden Dominanz. In dieser Zeit siegte die Marke nicht weniger als 16 Mal.

Das berühmteste Rennen Amerikas hat seine Wurzeln in der Zeit nach der Wirtschaftskrise, als der einheimische Motorradsport sich in den Dreißigern nach den finanziellen Stürmen langsam wieder erholte. Ende der Zwanziger siechte die Szene dahin, da die Industrie nach einer Serie von Unfällen freiwillig die Leistung der Motorräder drosselte. Es war eine ganz bewußte Politik, Harley-Davidson hat immer versucht, oft mit Hilfe der Motorsportbehörden, das Image des Motorrads sauber zu halten. Mit der Wirtschaftskrise durchlitten die USA ihre bis dann schlimmste Zeit und ein Motorradrennsport, so überhaupt noch jemand daran dachte, war aufgrund des fehlenden Budgets ein Ding der Unmöglichkeit. Die Hersteller strichen ihre Rennteilnahme gnadenlos zusammen und die Fans hatten keine Mittel, um die Rennen zu besuchen.

1932 versuchte eine Gruppe von Enthusiasten, diesen Trend zu stoppen, indem sie ein Langstreckenrennen wiederzubeleben versuchten, ein Rennen, das in Savannah in Georgia in den Zwanzigern ausgetragen worden war. Das allererste 200-Meilen Rennen gewann Harley-Davidson unter Ralph Edwards als Fahrer. In den nächsten fünf Jahren wurde das 200-Meilen-Rennen in Savannah und Jacksonville in Florida ausgetragen, bis die Stadtväter in einer ganz anderen Stadt den Veranstalter überredeten, das Rennen nach Daytona Beach zu bringen, auf dem gleichen Gelände, auf dem bis dahin Rekordfahrten unternommen worden waren. Die Geschichte des Daytona 200 hatte begonnen.

Das erste Rennen fand auf einer neuen, 5,4 Kilometer langen Strecke statt. Eine zwei Kilometer lange Strandgerade wurde über zwei Kurven mit einer gleich langen Strecke auf dem asphaltierten nebenliegenden Highway verbunden. Indian siegte im ersten Jahr, Harley-Davidson belegte die Plätze drei, fünf, sechs und zehn. Die Menswchen erholten sich langsam von der Wirtschaftskrise, immerhin 15.000 Zuschauer sahen sich das Rennen an.

Erst im zweiten Jahr konnte H-D der Veranstaltung seinen Stempel aufdrücken. Ben Campanale stellte einen neuen Rennrekord auf mit zwei Stunden und 42 Minuten; die Harleys von Tom Hayes und Griffin Kathcart landeten auf den Plätzen drei und vier.

Campanale ging auch als erster Doppelsieger in die Annalen ein, da er auch 1939 den Sieg für sich entschied, wobei er gleichzeitig seinen eigenen Rennrekord um sechs Minuten unterbot. Harley unterstrich 1940 den Erfolg mit dem Sieg von Babe Tancred auf einer WLDR. Campanale machte daraufhin ein langes Gesicht, zu gerne hätte er den Siegerpokal behalten. Doch dazu hätte er auch in diesem Jahr siegen müssen.

Für Harley folgten dann einige magere Jahre

DAYTONA BEACH
WELCOMES BIKERS
BIKE WEEK '92
HARLEY-DAVIDSON
MOTOR CYCLES
Welcome
Welcome
We're Glad You're Here!
Peninsula
JIFFY
FOOD STORE
WALK

OBEN:
Auf dem Daytona Beach wurden früher oft Rekordfahrten durchgeführt. Der »fliegende Cop« H.A. Patterson brach den Rekord auf die fliegende Meile, der vom Indianfahrer Johnny Seymour 1926 aufgestellt wurde. 1932 holte Seymour den Rekord zurück, verlor ihn aber nach langer Zeit an Joe Petrali, der mit einer modifizierten 61E 1936 neuer Rekordhalter wurde.

1941 kam die Norton von Bill Matthews auf dem ersten Platz, H-D belegte in schöner Einmütigkeit die Plätze zwei bis zehn. Dies eine Mal funktionierte nicht das Hausrezept, mit möglichst vielen Motorrädern das Starterfeld aufzufüllen und so die Siegeschancen zu erhöhen.

Die erste Nachkriegsveranstaltung fand 1947 statt, unter den 16 Erstplazierten waren 14 Harley. Doch leider fuhren weder der Sieger noch der Zweite eine Maschine aus Milwaukee... Das sollte bis 1953 so bleiben, dann meldete sich die Marke eindrucksvoll an die Spitze zurück, Paul Goldsmith hieß der Fahrer. Dieser Sieg bildete den Auftakt für eine hervorragende Erfolgsserie. Das Comeback war der neuen seitengesteuerten KR zu verdanken, welche die alte WR ersetzte. Jetzt wehte ein anderer Wind – und der war vor allem höher verdichtet.

Nach Indian war als neuer Herausforderer für Harley-Davidson, BSA in den Ring getreten, unterlag aber starken Formschwankungen. 1954 belegte die englische Marke die ersten fünf Plätze, erzielte aber als bestes Resultat 1955 nur einen siebten Platz, hinter Triumph und Norton,

OBEN:
Eine alte 61 Rennmaschine auf dem Daytona Speedway. Erst 1941 gründete Harley-Davidson offiziell eine eigene Rennabteilung.

LINKS:
Die 883-Rennen sind immer spektakulär, hier in Daytona 1993.

OBEN:
Jahrelang dominierte die XR 750 die Dirtrennen in der amerikanischen Meisterschaft. Für Shorttrackrennen wie hier werden Motoren von Rotax eingesetzt.

die neben dem Sieger Harley-Davidson die anderen Plätze unter sich ausmachten. Diese zweite Siegesserie fing 1955 an und wurde erst von Yamaha in den Siebzigern gebrochen. Sieben Jahre hintereinander gewann die Marke und siegte ebenfalls in fünf der folgenden acht Rennen. BSA konnte noch einmal 1956 und 1957 punkten, aber in den nächsten drei Jahren war Harley völlig unschlagbar. Joe Leonard hieß der amtierende Meister 1958. Er fuhr in Daytona die schnellste Qualifikationsrunde und im Rennen stellte er einen Rekord von 99,68 Meilen pro Stunde auf. Dieser Rekord wurde die letzten Jahre nie geschlagen. In dem Jahr fuhren Harleys auf die ersten sieben Plätze, insgesamt 13 unter den ersten 20 Fahrern saßen auf H-D. Das Geschehen wiederholte sich 1959 mit Brad Andres als Sieger; Dick Mann wurde Zweiter, Tony Murquia Dritter, Jack Gholson Vierter und Bobby Sirkegian Fünfter. Brad Andres war 1960 der vierte Fahrer in der Geschichte von Daytona, der das Rennen an zwei aufeinander folgenden Jahren gewinnen konnte, ein hervorragendes Ergebnis für Harley-Davidson. In diesem letzten Rennen auf dem Strandkurs mußte Andres hart mit Carroll Resweber und Roger Reiman kämpfen, die Führung wechselte in der ersten Rennhälfte zwölf Mal. Als seine Konkurrenten die Boxen aufsuchen mußten, konnte Andres sich seines Sieges sicher fühlen und behielt die Führung bis ins Ziel. Sicherlich war Andres Sieg spektakulär, aber der Auftritt von Harley-Davidson nicht minder: Die ersten 14 Plätze fielen der Marke zu, womit endgültig geklärt war, wer am Strand von Daytona das Sagen hatte...

1961 fand das Rennen zum ersten Mal auf einer permanenten Rennstrecke statt, dem Daytona International Speedway. Die alte Strecke war inzwischen eine Zumutung für die Rennfahrer, da nicht nur der Strand, abhängig von Wind und Wellenschlag, ständig sein Gesicht änderte:

Auch der Highway hatte sich in den letzten Jahren sehr verschlechtert.

Der Bau des Rennovals war vom Bahnbesitzer Bill France Senior 1953 geplant worden, die neue Strecke ging 1959 in Betrieb, zunächst mit Veranstaltungen im Rahmen der NASCAR Stockcar-Serie. Es war nicht ganz einfach, die Biker zum Umsteigen zu bewegen, man hielt Rennen auf dem steilen Banking nicht für ungefährlich. Die Diskussionen endeten aber bald und 1961 wurde das erste Rennen auf dem flachen, drei Kilometer langen Kurs im Infield ausgetragen. Trotz der neuen Auslegung und den völlig anderen Verhältnissen siegte Harley-Davidson unter Roger Reiman, gefolgt von unzähligen Harley-Fahrern unter den ersten 20. Alles beim alten? Nicht ganz, die zweitplazierte Triumph unter Don Burnett schlug jedoch einen Ton an, der neue Zeiten verkündete. In den folgenden sechs Jahren balgten sich diese beiden Marken verbissen um den Sieg bei den 200 Meilen von Daytona.

LINKS:
AMA-Sieger Chris Carr in Daytona 1993.

Unten:
Eine Aermacchi Einzylinder-Rennmaschine beim Veteranenrennen in Daytona.

DAYTONA BEACH
WELCOMES BIKERS
Harley-Davidson

VORIGE SEITE:
Daytona schläft nie.
Es ist keine Veranstaltung ausschließlich für Harleys, doch meist gibt es nicht viele andere Marken zu sehen.

RECHTS:
Sportsters mit Begleitung auf der Beach. Wer vertrauenswürdig aussieht und einen Führerschein hat, kann in Daytona immer die neuen Modelle probefahren.

KAY'S
Fine Dining…
at Modest Prices
2 BLOCKS WEST ON MAIN STREET

RECHTS:
Diskrete Werbung auf dem Messegelände.

Don Burnett gewann 1962 mit einer Triumph 500, gefolgt von Dick Mann auf einer Matchless G 50. Harley konnte für sich die folgenden drei Plätze holen – nach so vielen Jahren totaler Dominanz eine herbe Enttäuschung. In den folgenden drei Jahren kam aber H-D zurück und stellte die alte Ordnung wieder her, es gewannen Ralph White und (zweimal) Roger Reiman. Die Engländer gaben nicht kleinbei, Triumph siegte 1966 und 1967 in Daytona, 1968 und 1969 Harley-Davidson – und dann war Schluß. Mit dem Ausklang der Sechziger gerieten sowohl Triumph als auch Harley-Davidson mächtig unter Druck, H-D konnte in Daytona nicht mehr siegen, bis heute nicht. Wie konnte Harley-Davidson ausgerechnet beim wichtigsten Rennen ins Hintertreffen geraten?

Wie immer ist es leicht, den Japanern die Schuld zu geben. 1968 nahmen Yamaha und Suzuki zum ersten Mal teil, Yamaha beendete das Rennen auf dem zweiten und dritten Platz, Suzuki wurde Fünfter. 1969 tauchte Kawasaki auf, 1970 Honda. Honda gewann prompt unter Dick Mann und wurde dadurch der erste japanische Hersteller, der die 200 Meilen gewann. In dem Jahr schaffte Harley-Davidson nur Platz sechs, 15 und 18. Was kommen sollte, war für allen klar. Über die nächsten fünf Jahre plazierten sich Motorräder der Marke Harley-Davidson nur sechs Mal unter den ersten 20, und die japanische Dominanz hat seit 1973 nur selten amerikanische oder europäische Motorräder neben sich erlaubt.

OBEN:
Solches Zubehör findet man nicht im Katalog von Harley Davidson.

LINKS:
Irgendwo da drin ist eine Springer Softail von 1990. Rat's Hole Custom Show, Daytona 1993.

OBEN:
Komisch, wie viel Interesse die tief heruntergezogenen Schutzbleche dieser Harley wecken können.

LINKS:
Tolles Motorrad mit Cockpitverkleidung und verkleidetem Fahrer. Die Basis war eine FXLR Low Rider Custom.

RECHTS:
Jeden Mannes Traum?

ARLEY DAVIDSON INC.

RECHTS:
Auspuff aus dem Programm Screamin' Eagle. Skupltur für das maschinelle Zeitalter.

TERMINATOR

LINKS:
Ein populäres Wettbewerb, der viel Geschick vom Fahrer verlangt.

RECHTS:
The Great American Rodeo in Daytona. Die Tour Glide ist bis auf die Lackierung sehr normal ausgestattet.

RECHTS:
Die Teilnehmer eines Rodeos machen sich bereit.

THE
Black Dahlia
II

LINKS:
Filigrane Lackierung bei der Rat's Hole Custom Show.

RECHTS:
Der Totenkopf ist ein häufiges Motiv als Tanklackierung, aber als Luftfilterabdeckung ist er besonders wirkungsvoll.

OBEN:
Demonstrationen gegen Helmzwang nehmen viel Zeit und Phantasie in Anspruch.

Rechts:
Kann man mehr machen? Der Motor sieht ja nicht einmal wie ein V-Zweizylinder aus. Man könnte sich fast fragen, ob es überhaupt eine Harley ist.

1937 Beachkurs

1	Indian
2	Norton
3	Harley-Davidson
4	Indian
5	Harley-Davidson
6	Harley-Davidson
7	Indian
8	Indian
9	Indian
10	Harley-Davidson

1938 Beachkurs

1	Harley-Davidson
2	Indian
3	Harley-Davidson
4	Harley-Davidson
5	Indian
6	Harley-Davidson
7	Harley-Davidson
8	Harley-Davidson
9	Indian
10	Ariel

1939 Beachkurs

1	Harley-Davidson
2	Harley-Davidson
3	Indian
4	Vincent
5	Harley-Davidson
6	Harley-Davidson
7	Harley-Davidson
8	Harley-Davidson
9	Harley-Davidson
10	Harley-Davidson

1940 Beachkurs

1	Harley-Davidson
2	Indian
3	Harley-Davidson
4	Harley-Davidson
5	Harley-Davidson
6	Harley-Davidson
7	Harley-Davidson
8	Indian
9	Harley-Davidson
10	Harley-Davidson

1941 Beachkurs

1	Norton
2	Harley-Davidson
3	Harley-Davidson
4	Harley-Davidson
5	Harley-Davidson
6	Harley-Davidson
7	Harley-Davidson
8	Harley-Davidson
9	Harley-Davidson
10	Harley-Davidson

1947 Beachkurs

1	Indian
2	Indian
3	Harley-Davidson
4	Harley-Davidson
5	Harley-Davidson
6	Harley-Davidson
7	Harley-Davidson
8	Triumph
9	Harley-Davidson
10	Harley-Davidson

1948 Beachkurs

1	Indian
2	Norton
3	Harley-Davidson
4	Indian
5	Harley-Davidson
6	Triumph
7	Harley-Davidson
8	Harley-Davidson
9	Harley-Davidson
10	BMW

1949 Beachkurs

1	Norton
2	Norton
3	Norton
4	Harley-Davidson
5	Harley-Davidson
6	BSA
7	Indian
8	Harley-Davidson
9	Harley-Davidson
10	Harley-Davidson

1950 Beachkurs

1	Norton
2	Norton
3	BSA
4	Norton
5	Harley-Davidson
6	Harley-Davidson
7	Norton
8	Harley-Davidson
9	Harley-Davidson
10	Harley-Davidson

1951 Beachkurs

1	Norton
2	Norton
3	Triumph
4	Triumph
5	Norton
6	Triumph
7	BSA
8	Harley-Davidson
9	Triumph
10	Harley-Davidson

1952 Beachkurs

1	Norton
2	Norton
3	Triumph
4	Norton
5	BSA
6	Norton
7	Norton
8	Triumph
9	BSA
10	BSA

1953 Beachkurs

1	Harley-Davidson
2	Triumph
3	Norton
4	Norton
5	BSA
6	Triumph
7	Harley-Davidson
8	BSA
9	BSA
10	Harley-Davidson

1954 Beachkurs

1	BSA
2	BSA
3	BSA
4	BSA
5	BSA
6	Triumph
7	Triumph
8	BSA
9	Triumph
10	Harley-Davidson

1955 Beachkurs

1	Harley-Davidson
2	Harley-Davidson
3	Harley-Davidson
4	Triumph
5	Norton
6	Triumph
7	BSA
8	Harley-Davidson
9	BSA
10	Harley-Davidson

1956 Beachkurs

1	Harley-Davidson
2	BSA
3	BSA
4	BSA
5	BSA
6	Harley-Davidson
7	Harley-Davidson
8	Harley-Davidson
9	Harley-Davidson
10	Harley-Davidson

1957 Beachkurs

1	Harley-Davidson
2	BSA
3	BSA
4	Triumph
5	BSA
6	Harley-Davidson
7	Harley-Davidson
8	BSA
9	BSA
10	BSA

1958 Beachkurs

1	Harley-Davidson
2	Harley-Davidson
3	Harley-Davidson
4	Harley-Davidson
5	Harley-Davidson
6	Harley-Davidson
7	Harley-Davidson
8	Triumph
9	BSA
10	Harley-Davidson

1959 Beachkurs

1	Harley-Davidson
2	Harley-Davidson
3	Harley-Davidson
4	Harley-Davidson
5	Harley-Davidson
6	Triumph
7	BSA
8	Harley-Davidson
9	BSA
10	Harley-Davidson

1960 Beachkurs

1 Harley-Davidson
2 Harley-Davidson
3 Harley-Davidson
4 Harley-Davidson
5 Harley-Davidson
6 Harley-Davidson
7 Harley-Davidson
8 Harley-Davidson
9 Harley-Davidson
10 Harley-Davidson

1961 Daytona Speedway

1 Harley-Davidson
2 Triumph
3 Harley-Davidson
4 BSA
5 Harley-Davidson
6 Triumph
7 Harley-Davidson
8 BSA
9 Harley-Davidson
10 Harley-Davidson

1962 Daytona Speedway

1 Triumph
2 Matchless
3 Harley-Davidson
4 Harley-Davidson
5 Harley-Davidson
6 BSA
7 BSA
8 BSA
9 Harley-Davidson
10 Harley-Davidson

1963 Daytona Speedway

1 Harley-Davidson
2 Triumph
3 Harley-Davidson
4 Harley-Davidson
5 BSA
6 BSA
7 Harley-Davidson
8 BSA
9 Harley-Davidson
10 Harley-Davidson

1964 Daytona Speedway

1 Harley-Davidson
2 Triumph
3 Harley-Davidson
4 Harley-Davidson
5 Matchless
6 Matchless
7 BSA
8 Norton
9 Harley-Davidson
10 BSA

1965 Daytona Speedway

1 Harley-Davidson
2 Harley-Davidson
3 Triumph
4 Triumph
5 Matchless
6 Triumph
7 Harley-Davidson
8 BSA
9 Harley-Davidson
10 Harley-Davidson

1966 Daytona Speedway

1 Triumph
2 Harley-Davidson
3 Harley-Davidson
4 Matchless
5 Harley-Davidson
6 Triumph
7 Harley-Davidson
8 Harley-Davidson
9 Triumph
10 Harley-Davidson

1967 Daytona Speedway

1 Triumph
2 Triumph
3 Harley-Davidson
4 Harley-Davidson
5 Harley-Davidson
6 Harley-Davidson
7 Triumph
8 Triumph
9 Triumph
10 Triumph

1968 Daytona Speedway

1 Harley-Davidson
2 Yamaha
3 Yamaha
4 Harley-Davidson
5 Suzuki
6 Triumph
7 Triumph
8 Matchless
9 Suzuki
10 Honda

1969 Daytona Speedway

1	Harley-Davidson
2	Suzuki
3	Yamaha
4	Harley-Davidson
5	Yamaha
6	Harley-Davidson
7	Yamaha
8	Yamaha
9	Triumph
10	Harley-Davidson

1970 Daytona Speedway

1	Honda
2	Triumph
3	Triumph
4	Yamaha
5	Suzuki
6	Harley-Davidson
7	Kawasaki
8	Triumph
9	Kawasaki
10	Yamaha

1971 Daytona Speedway

1	BSA
2	Triumph
3	BSA
4	Harley-Davidson
5	Yamaha
6	Yamaha
7	Triumph
8	Triumph
9	Kawasaki
10	Yamaha

Mit diesem Ergebnis plazierte sich Harley-Davidson zum letzten Mal unter den ersten Zehn, dank Roger Reiman. Die letzte unter den ersten Zwanzig kam vier Jahre später.

Unten: Roger Reiman auf seiner XR-750 in Daytona im März 1967.

INDEX

DANKSAGUNG

Autor und Herausgeber möchten sich bei folgenden Personen und Institutionen für ihre Hilfe mit diesem Buch bedanken: Design-23 Sara Dunphy für Fotorecherchen, Helen Dawson für das Index und Judith Miller für ihre redaktionelle Leistung. In besonderer Schuld steht der Autor zu Mick Walker für seine Hilfe mit der Renngeschichte. Die hier aufgelisteten Archive und Personen haben das Bildmaterial besorgt.
Bettmann Archiv: 39, 66-67, 136 (oben), 138

BFI: 201

Malcolm Birkitt: 6-7, 9, 12, 20 (unten rechts), 34-35, 44-45, 149, 154-155, 161 (oben), 164-165, 175 (oben), 176 (oben), 180, 188

BPL: 65 (unten), 103

Brooklands Museum: 135 (oben)

Kel Edge: 230-231

Jeff Hackett: 4-5, 13, 14-15, 18, 20 (unten links), 28, 31, 40-41, 42, 60-61, 65 (oben), 68, 82-83, 85, 86-87, 87 (oben), 88 (unten), 90-91, 93, 95, 96, 97, 98-99, 100, 103, 106, 107 (oben), 112-113, 116-117, 124-125, 126-127, 128, 129, 140 (oben), 141, 147, 148, 150 (unten), 151, 152 (oben), 153, 159 (oben), 160-161, 166, 172-173, 174, 175 (unten), 177, 178 (alle), 179, 181 (beide), 182, 183, 184, 189, 190-191, 194, 215, 220, 224 (beide), 225, 226-227, 231 (oben), 233 (beide), 238, 239 (unten), 242-243, 245 (oben), 248, 249

IWM: 47 (oben), 50-51 (alle), 54, 55 (beide), 59 (oben), 57 (beide), 58, 59 (beide)

Mac McDiarmid: 1, 2-3, 150, 175 (oben) 186-187, 196, 212-213

Andrew Morland: 32, 37, 48, 52-53, 56 (unten), 63, 70, 72-73, 76-77, 104-105, 110-111, 115, 119 (oben), 122 (oben), 144, 246

National Film Archive: 200

National Motor Museum, Beaulieu: 29, 134

Garry Stuart: 10-11 (beide), 16, 19 (beide), 20 (oben), 21, 25, 26, 43 (beide), 49, 69, 75, 78-79 (oben), 80 (unten), 94, 101 (oben), 108-109, 120, 152 (mitte), 157, 167, 168-169, 176 (unten), 185 (beide), 193, 195 (oben), 199, 216, 217 (beide, 222, 223, 229, 234-235, 236-237, 239 (oben), 240 (oben), 241, 244, 245 (unten), 247

UPI/Bettmann: 22-23, 27, 130-131, 197 (unten), 208-209, 210, 211

Mick Walker: 33, 45 (unten), 58, 76 (unten), 77, 78-79 (unten), 80 (oben), 84, 88 (oben), 94, 102, 118 (beide), 121, 123, 142, 143, 145, 158, 159 (unten), 162, 163, 253